Ética na deontologia, na comunicação e na sociedade de consumo

Fábio Ronaldo da Silva
Kalyenne Antero

Rua Clara Vendramin, 58 | Mossunguê
CEP 81200-170 | Curitiba | PR | Brasil
Fone: (41) 2106-4170
www.intersaberes.com
editora@intersaberes.com

Conselho editorial | Dr. Ivo José Both (presidente) | Dr.ª Elena Godoy | Dr. Neri dos Santos | Dr. Ulf Gregor Baranow
Editora-chefe | Lindsay Azambuja
Gerente editorial | Ariadne Nunes Wenger
Assistente editorial | Daniela Viroli Pereira Pinto
Preparação de originais | Tiago Krelling Marinaska
Edição de texto | Fábia Mariela De Biasi | Tiago Krelling Marinaska
Capa | Charles L. da Silva (design) | Bro Crock/Shutterstock (imagens)
Projeto gráfico | Silvio Gabriel Spannenberg (*design*) | Syda Productions/Shutterstock (imagens)
Diagramação | Fabio V. da Silva
Equipe de design | Charles L. da Silva | Silvio Gabriel Spannenberg
Iconografia | Sandra Lopis da Silveira | Regina Claudia Cruz Prestes

Dados Internacionais de Catalogação na Publicação (CIP)
(Câmara Brasileira do Livro, SP, Brasil)

Silva, Fábio Ronaldo da
    Ética na deontologia, na comunicação e na sociedade de consumo/Fábio Ronaldo da Silva, Kalyenne Antero. Curitiba: InterSaberes, 2021.

    Bibliografia.
    ISBN 978-65-5517-968-2

    1. Bem-estar – Aspectos sociais 2. Consumo (Economia) 3. Consumo (Economia) – Aspectos sociais 4. Ética 5. História social I. Antero, Kalyenne. II. Título.

21-57913   CDD-306.3

Índice para catálogo sistemático:
1. Consumo: História social: Sociologia   306.3

Maria Alice Ferreira – Bibliotecária – CRB-8/7964

1ª edição, 2021.

Foi feito o depósito legal.

Informamos que é de inteira responsabilidade dos autores a emissão de conceitos.

Nenhuma parte desta publicação poderá ser reproduzida por qualquer meio ou forma sem a prévia autorização da Editora InterSaberes.

A violação dos direitos autorais é crime estabelecido na Lei n. 9.610/1998 e punido pelo art. 184 do Código Penal.

Sumário

5   Apresentação
8   Como aproveitar ao máximo este livro

---

13 **1 O significado de ética**
16 1.1 Conceito de ética
35 1.2 Correntes filosóficas
46 1.3 As correntes filosóficas e suas aplicações na ética

---

55 **2 O pensamento filosófico contemporâneo**
58 2.1 Refletindo sobre o pensamento filosófico contemporâneo
63 2.2 Surgimento da filosofia contemporânea

---

93 **3 A ética e a moral**
96 3.1 A dicotomia bem e mal
114 3.2 Ética da situação

---

129 **4 A ética nos meios de comunicação social**
132 4.1 Refletindo sobre a ética nos meios de comunicação social
135 4.2 Princípios éticos
139 4.3 Mass media, ou meios de comunicação social
146 4.4 Desafios da ética na comunicação social da atualidade
158 4.5 Ética da propaganda
165 4.6 Propaganda e responsabilidade social

- 173 **5 Códigos de ética**
- 176 5.1 Códigos de ética
- 180 5.2 Declaração dos Direitos Humanos
- 183 5.3 Códigos de ética profissionais
- 191 5.4 Comportamento profissional
- 193 5.5 Valores do bom comportamento profissional
- 198 5.6 Desafios do comportamento profissional na modernidade
- 202 5.8 Sindicatos

- 211 **6 Questões atuais de ética**
- 214 6.1 O debate atual da ética
- 218 6.2 Questões atuais de propaganda
- 223 6.3 Questões atuais de consumo
- 226 6.4 Mudança no panorama da ética nos dias atuais
- 228 6.5 Reflexões sobre ética e consumo

- 234 Considerações finais
- 236 Referências
- 242 Bibliografia comentada
- 245 Sobre os autores

Apresentação

O planejamento deste livro foi uma tarefa árdua, e sua execução foi, sem dúvida, uma atividade desafiadora. Nossa maior preocupação neste trabalho foi explicitar, em detalhes, os fundamentos e os conteúdos com os quais você entrará em contato em um panorama que apresenta assuntos pouco abordados nas discussões teóricas da ética, tema filosófico que conta com uma extensa e profunda teoria. Obviamente, não poderíamos ignorar a exposição dos preceitos técnicos indispensáveis à composição dos seis capítulos dispostos nesta publicação.

Estabelecer uma linha cronológica fluida das correntes filosóficas relacionadas aos tópicos *ética* e *consumo*, em todas as possibilidades existentes tendo em vista um cenário de mercado tão volátil, foi nossa opção de método pedagógico fundamental. Entendemos que expor didaticamente toda a trajetória empreendida por estudiosos que desenvolveram análises críticas sobre as novas formas de consumo no mundo moderno fundamenta o leitor em sua escolha, dando base para sua evolução. Para complementar a abordagem, apresentamos exemplos práticos que demonstram possibilidades de aplicação das novas correntes filosóficas em situações cotidianas modernas, explicitando meticulosamente seu impacto social e sua influência na história do consumo. As escolhas que fizemos para o encaminhamento deste material tiveram em vista que os estudos sobre ética e consumo precisam proporcionar a todos que neles se aprofundam uma visão ampla e fluida, que estimule discussões que promovem o avanço de suas técnicas de desenvolvimento.

Além da técnica e de sua exposição, nosso objetivo é que a reflexão a respeito das obras citadas no decorrer do livro mova você a desenvolver sua própria análise a respeito das peças publicitárias e de todo material discorrido ao longo das páginas do material. Portanto, motivar a interdisciplinaridade inerente ao tema é um dos principais nortes para o desenvolvimento desta obra. Considerando a configuração existente de temas mais técnicos e acadêmicos, pode soar surpreendente a ideia de trabalhar ética e consumo de maneira aberta, entretanto, a escolha se baseia no entendimento de que esses dois tópicos são tanto construções sociais quanto mercadológicas.

A ideia respalda a escolha de um diálogo aberto em relação não apenas aos conceitos expostos anteriormente por pensadores, teóricos e renomados profissionais da área, mas também ao estímulo constante de sua própria visão em relação ao fazer publicitário. Incitar novos pensamentos a respeito de uma linha demarcada pela fluidez de seus elementos, ao longo de sua história, é fundamental para a criação de uma categoria eficaz de criativos para o segmento da escrita e da análise a respeito do consumo.

Por fim, com base no *mix* de métodos didáticos, equilibrado de modo a evitar o enrijecimento das informações, pretendemos desenvolver, neste material, a capacidade técnica dos leitores de explorar um universo vasto de novas possibilidades, a contemplação da fundamentação teórica e a plena capacitação para seu desenvolvimento no mercado de trabalho.

Como aproveitar ao máximo este livro

Empregamos nesta obra recursos que visam enriquecer seu aprendizado, facilitar a compreensão dos conteúdos e tornar a leitura mais dinâmica. Conheça a seguir cada uma dessas ferramentas e saiba como elas estão distribuídas no decorrer deste livro para bem aproveitá-las.

Conteúdos do capítulo

- Conceitos d...
- Diferenciaçã...
- Inter-relaçã...
- Deontologia...
- de moral em...
- Ética no ambiente...
- Ética voltada à tec...
- Correntes filosófica...

Conteúdos do capítulo Logo na abertura do capítulo, relacionamos os conteúdos que nele serão abordados.

Após o estudo deste capítulo, você será capaz de:

1. traçar um pa... ética e seus...
2. diferenciar é... laridades, di...
3. identificar as... compreende... os preceitos... ocidental.

Após o estudo deste capítulo, você será capaz de: Antes de iniciarmos nossa abordagem, listamos as habilidades trabalhadas no capítulo e os conhecimentos que você assimilará no decorrer do texto.

A sociedade atual deman[...] **Introdução do capítulo** Logo na abertura do
convivência e adaptação. [...] capítulo, informamos os temas de estudo e
cercados por meios que r[...] os objetivos de aprendizagem que serão nele
de bem-estar em relação [...] abrangidos, fazendo considerações prelimi-
crenças ou aos nossos es[...] nares sobre as temáticas em foco.
de bem-estar, a troca hu[...]
regula o ambiente em que vivem[...]
sociáveis, ainda que estejamos [...]
convívio restrito.

Esse convívio, no decorrer da his[...]

O que é?

Norma: consiste em uma regra
O que é Nesta seção, destacamos definições [...]mente utilizada no âmbito juríd[...]
e conceitos elementares para a compreensão [...]ndica uma infração, que gera ta[...]
dos tópicos do capítulo. [...]uanto julgamento social contr[...]
[...]m *modus operandi* que deve s[...]

Responsabilidade: a responsa[...]
reação direta ao conceito de lib[...]
O caráter daquele que é respon[...]

Para saber mais

A MONTANHA dos sete abutres. [...] **Para saber mais** Sugerimos a leitura de dife-
Pictures, 1951. 111 min. rentes conteúdos digitais e impressos para
que você aprofunde sua aprendizagem e siga
Assista ao filme *A montanh*[...] buscando conhecimento.
Billy Wilder. A produção na[...]
exercício essencial de divulgação [...]
de interesse social e público é cor[...]
dualidade sórdida, que distorce o [...]
para uma coletividade que carece[...]
determinado acontecimento. A na[...]

Exercício resolvido

De acordo com Azevedo (202...
o Brasil é uma nação com m...
ra-cristã (86,8% de cristãos -...
evangélicos). Tal qual grand...
a civilização ocidental, autoridades...
prestígio por conta de seu histórico...
fidelidade aos princípios neopeten...

Como Bentham (1843) estudou em...
gicas, existia à sua época uma salva...

Exercício resolvido Nesta seção, você acompanhará passo a passo a resolução de alguns problemas complexos que envolvem os assuntos trabalhados no capítulo.

Exemplificando

Exemplificando Disponibilizamos, nesta seção, exemplos para ilustrar conceitos e operações descritos ao longo do capítulo a fim de demonstrar como as noções de análise podem ser aplicadas.

Exemplificando

N~sse sentido, quando produz um...
...cia, apura um fato ou corrige u...
...basear-se apenas no pragmatis...
...nteiras humanas, que são justa...
...nandas e criam a função essen...

...mesma maneira, um publicitár...
uma peça a ser divulgada sem por...
sociais e as formas que serão utiliz...

Perguntas & respostas

O que é iluminismo?

Trata-se de um "movimento i...
caracterizado pela centralida...
crítica no questionamento filosófic...
a todas as formas de dogmatismo, e...
políticas e religiosas tradicionais; Fi...
tração, Esclarecimento, Século das...

A ética kantiana era mais próxima d...

Perguntas e respostas Nesta seção, respondemos a dúvidas frequentes relacionadas aos conteúdos do capítulo.

Fique atento! Ao longo de nossa explanação, destacamos informações essenciais para a compreensão dos temas tratados nos capítulos.

Síntese Ao final de cada capítulo, relacionamos as principais informações nele abordadas a fim de que você avalie as conclusões a que chegou, confirmando-as ou redefinindo-as.

Estudo de caso Nesta seção, relatamos situações reais ou fictícias que articulam a perspectiva teórica e o contexto prático da área de conhecimento ou do campo profissional em foco com o propósito de levá-lo a analisar tais problemáticas e a buscar soluções.

1
O significado de ética

Conteúdos do capítulo

- Conceitos de ética.
- Diferenciação entre ética, moral e deontologia.
- Inter-relação entre ética e moral.
- Deontologia como aplicabilidade do conceito de moral em ambientes de trabalho.
- Ética no ambiente de trabalho.
- Ética voltada à tecnologia.
- Correntes filosóficas aplicadas à ética.

Após o estudo deste capítulo, você será capaz de:

1. traçar um panorama histórico dos estudos da ética e seus conceitos;
2. diferenciar ética e moral e entender suas similaridades, discrepâncias e relações;
3. identificar as correntes filosóficas e compreender como elas se conectam com os preceitos éticos aplicados na civilização ocidental.

A sociedade atual demanda diariamente novos métodos de convivência e adaptação. Em maior ou menor grau, estamos cercados por meios que nos estimulam a criar um invólucro de bem-estar em relação ao trabalho, aos estudos, às nossas crenças ou aos nossos espaços pessoais. Entre esses fatores de bem-estar, a troca humana se estabelece como a via que regula o ambiente em que vivemos, visto que somos seres sociáveis, ainda que estejamos dispostos à reclusão ou a um convívio restrito.

Esse convívio, no decorrer da história, deu origem (e ainda o faz) a temas pertinentes ao estudo dos fatores determinantes para as dinâmicas entre seres humanos, sendo o principal deles a ética. Esse estudo é fundamental, pois somos bombardeados por inúmeras formas de interação desde o nascimento, que são condicionadas pela moral, pela cultura, pelas crenças e por demais valores que condicionem a vida do indivíduo.

É importante fazermos aqui uma diferenciação entre *moral* e *ética*. A primeira passa por um crivo individual, muitas vezes sendo determinada por motivações profundamente pessoais, sem levar em consideração o contato com o outro, e influenciada diretamente, entres outros fatores, pelas especificidades culturais, pessoais e religiosas. A segunda, por sua vez, consiste em um fundamento básico para a execução plena de qualquer atividade, entre elas as laborais, um método regulador de bem-estar, convívio e desenvolvimento dos ideais vivenciados ao longo dos anos. E é sobre a ética que nos debruçaremos com mais detalhes.

Ao abordar os conceitos éticos e as correntes filosóficas, trataremos da raiz dos pensamentos que conduzem muitas decisões normativas relacionadas ao comportamento humano, demonstrando como os problemas sociais da atualidade demandam soluções complexas. A ética, mais do que nunca, mostra ser um estudo atemporal, um fundamento para qualquer desenvolvimento e entendimento das atividades modernas que conduzem a vida humana.

1.1 Conceito de ética

Ao observar a trajetória histórica da humanidade, suas explorações, suas experimentações, suas criações, suas diferenças, seus conflitos, suas guerras, podemos perceber a máxima dicotomia que estabelece a relação entre as pessoas e suas formações: o ser humano vive na constante aflição maniqueísta entre bem e mal. Dessa angústia multimilenar de determinar o que é bom ou mal, correto ou errado, profano ou divino, o ser humano deu à luz a ética.

A priori, podemos entender ética como uma determinação absolutamente humana, na medida em que estamos tratando de seres conscientes, constantemente envolvidos em implicações sociais e psicológicas. Tais indivíduos estão imersos em uma realidade em que as demandas ultrapassam a mera necessidade e o desejo implícito por um ambiente que ofereça bem-estar social é tão importante quanto qualquer demanda pragmática do cotidiano.

Nessa dinâmica, cada indivíduo, tendo como base sua criação familiar, sua realidade social e suas inclinações pessoais, desenvolve em si uma espécie de crivo moral, estabelecido pelos fatores pessoais, íntimos, e sociais anteriormente citados. Nesse sentido, os princípios éticos e a "régua moral" são elementos indispensáveis para que a natureza humana consiga atender às suas necessidades sociais tendo como princípio a harmonia entre os seres.

Para entendermos ética, precisamos, primeiramente, compreender suas implicações e problemáticas.
Ao pensarmos no tema, podemos elencar três tópicos profundamente ligados a ele: norma, responsabilidade e liberdade. Apesar de lidarmos com conceitos aparentemente conflitantes entre si, o exercício de cada ação específica determina a influência desta na estrutura da ética. Por exemplo: a norma se estabelece como um elemento que deve ser seguido.
No entanto, como cada ser estabelecido no contexto social, nós desfrutamos da liberdade individual para segui-la.

Considerando tal implicação, a norma funciona como a já mencionada "régua moral", estabelecendo determinações sociais que devem ser respeitadas para que exista a harmonia pública entre seres. Todavia, em cada personalidade individual, existe a opção de obedecer ou não tais normas. Um fio condutor que serve como indicativo da obediência é a responsabilidade do indivíduo em relação ao seu meio.

O que é?

Norma: consiste em uma regra a ser respeitada. Normalmente utilizada no âmbito jurídico, a norma contrariada indica uma infração, que gera tanto implicações legais quanto julgamento social contra aquele que atenta contra um *modus operandi* que deve ser seguido irrestritamente.

Responsabilidade: a responsabilidade implica uma reação direta ao conceito de liberdade, por exemplo. O caráter daquele que é responsável é o de arcar com as consequências dos próprios atos ou com os atos de um grupo de pessoas.

Liberdade: trata-se da ação autodeterminante, livre, a autonomia de ações como direito de cada ser vivo. Entretanto, diante do quadro social em que vivemos, que preza pelo bem-estar e pelo convívio pleno e igualitário, a liberdade não pode ultrapassar os limites que interferem, por exemplo, nos direitos básicos do outro. Daí a importância da responsabilidade, pois os dois conceitos precisam estar em consonância.

Entre os fatores definidos anteriormente, o que mais alimentou e ainda estimula as discussões de natureza ética é justamente a liberdade. Considerando as responsabilidades sociais inerentes a cada ambiente, o ser humano não pode ignorar a existência e as necessidades do outro e da coletividade, sob risco de anular a liberdade individual de cada ser.

Neste ponto, você pode começar a perceber os tópicos que podem ser desenvolvidos com base na ideia de ética como guia das ações humanas. A abrangência do tema é extensa, perpassando questões tanto individuais quanto sociais.

É importante destacar que, não raro, os conceitos de moralidade e ética são confundidos. As fronteiras entre os temas, considerando a proximidade de seus significados, são similares e, muitas vezes, compartilháveis entre si.

De acordo com sua etimologia, o termo *ética* tem origem na palavra grega *ethos*, que conta com duas grafias diferentes:

- *Êthos* – "o lugar onde brotam os atos, isto é, a interioridade dos homens" (Renaud, 2001, p. 1.994).

- *Éthos* – comportamento, costumes e atos, de acordo com Weil (2021) e Tughendhat (1999).

De acordo com Pedro (2014), a ética e a moral retroalimentam um "estado de confusão", principalmente quando se trata de "sistemas ou teorias morais". No entanto, ainda que os significados práticos dos conceitos citados sejam, de fato, similares, muitas vezes utilizados como iguais, por vias de estudo, os dois guardam diferenças importantes para análise.

A moral abrange um conjunto amplo de normas, comportamentos e valores relacionados à dicotomia de bem e mal, muitas vezes associados aos costumes de determinada cultural e/ou localidade, ao passo que a ética relaciona-se de forma mais específica com a análise de tais normas. Em outras palavras, podemos estabelecer a diferença entre os conceitos da seguinte maneira: a moral corresponde à aplicabilidade dos comportamentos, e a ética analisa a natureza desses atributos. Além disso, esta última não é norteada por objetivos de determinação. Não devemos confundi-la com uma receita de comportamentos que devem ser estritamente seguidos para uma convivência bem-sucedida no meio social, por exemplo. A moral, no entanto, é a prática comportamental, voltada para a ação do indivíduo mediante a realidade.

Figura 1.1 Relação entre ética e moral

Para saber mais

A MONTANHA dos sete abutres. Direção: Billy Wilder. EUA: Paramount Pictures, 1951. 111 min.

Assista ao filme *A montanha dos sete abutres*, do diretor Billy Wilder. A produção narra uma história em que o exercício essencial de divulgação de matérias jornalísticas de interesse social e público é corrompido por uma individualidade sórdida, que distorce o exercício de divulgação para uma coletividade que carece de informações diante de determinado acontecimento. A narrativa "cinematográfica" e o ego ultrapassam os limites e criam uma espiral trágica diante do acontecido.

O filme espelha um comportamento adotado por muitos profissionais da época (1951), representando um caso clássico de antiética no trabalho com consequências graves para a sociedade e para outrem.

Singer (1994) afirma que a ética não consiste em um repertório de restrições morais. Portanto, a ética tem de fato aspecto regulador, mas não extingue a liberdade do indivíduo de realizar a atividade que pretende; antes disso, a ética é um método de entendimento dos limites a serem seguidos e respeitados.

Ainda que haja diferenças fundamentais entre ética e moral, há também elementos que fazem que com sejam o complemento um do outro, como você pode observar na seção a seguir.

1.1.1
Complementaridades entre ética e moral

Apesar das distinções existentes entre os conceitos de moral e ética, na prática, ambos são complementares. Como explicamos, a ética é o estudo direto das aplicações morais; dito de outro modo, para existir ética, é preciso que exista moral a ser estudada.

Em ordem de importância, a ética se sobressai à moral, pois, ainda que a existência da primeira dependa diretamente da segunda, só podemos entender a profundidade das questões morais com base em uma profunda análise de exposição da ética. Contudo, não podemos ignorar o fato de que a moral é um fator importante de uma vida fundamentada em comportamentos harmonizados. Entretanto, é possível questionar a moral, haja vista que suas bases são culturais e/ou religiosas, manifestações humanas e, portanto, passíveis de análise. Sendo, então, a ética o questionamento das dinâmicas morais, poderíamos resumi-la a um questionamento: Por que a moral? Como melhorá-la?

Tal questionamento é fundamental para que a moral não seja vista como característica cultural meramente dogmática. Nesse caso, podemos citar como exemplo os estudos de deontologia de Jeremy Bentham (1843), que explorou a ética com base em seus preceitos conservadores-cristãos. Nesse caso, o autor seguiu uma linha regulamentada

Figura 1.2 Jeremy Bentham

e normativa. Guy Durand (2003), em seus estudos, encarava o sentido mais "fraco" da palavra (*deontologia*) por seu emprego que, muitas vezes, ia de encontro a um entendimento mais personalizado dos preceitos éticos e de sua aplicabilidade. Passava a ser uma aplicação corporativa de seu entendimento.

> **O que é?**
>
> **Deontologia**: Podemos entender a deontologia como a aplicação da ética em seus nichos particulares. O tratado de definição escrito pela página da Psicologia Portuguesa (2010) define a deontologia como "disciplina ética adaptada".
>
> > Sendo assim, a deontologia seria o tratado do dever ou o conjunto de deveres, princípios e normas adotadas por um determinado grupo profissional. A deontologia é uma disciplina da ética especial adaptada ao exercício da uma profissão. Existem inúmeros códigos de deontologia, sendo esta codificação da responsabilidade de associações ou ordens profissionais. Regra geral, os códigos deontológicos têm por base as grandes declarações universais e esforçam-se por traduzir o sentimento ético expresso nestas, adaptando-o, no entanto, às particularidades de cada país e de cada grupo profissional. (Definição..., 2020)

Tal visão segue um caminho de "romantismo social-cristão", conferindo ao sujeito um código de conduta pessoal que se norteia por princípios moralistas e conservadores e dá a esse indivíduo, por sua concepção higienista, um poder similar ao monárquico – de autoavaliação e validação diante de seus conceitos de certo e errado, de bom e mau. Para exemplificar essa dinâmica, Bentham (1843) utiliza, em seus estudos, o exemplo dos médicos de sua época. Normalmente, delegava-se a esses profissionais uma *persona* de autoridade em razão dos quesitos morais apurados que lhes eram exigidos e em concomitância com o conservadorismo cristão da época. Ainda que esses agentes utilizassem qualquer tipo de método que não condissesse com os limites éticos da profissão, uma "salvaguarda" sobrepunha-se a erro cometido por conta da autoridade médica, fato que materializa a visão deontológica do exercício "livre" a partir dos conceitos cristãos defendidos por Bentham. Considerando o exemplo dado pelo filósofo inglês, podemos entender tal prática deontológica como problemática a partir do exercício a seguir.

Exercício resolvido

De acordo com Azevedo (2020), citando censo do IBGE, o Brasil é uma nação com maioria populacional conservadora-cristã (86,8% de cristãos – 64,6% de católicos e 22,2% de evangélicos). Tal qual grande parte dos países que compõem a civilização ocidental, autoridades brasileiras gozam de prestígio por conta de seu histórico voltado para a religião e fidelidade aos princípios neopetencostais ou católicos.

Como Bentham (1843) estudou em suas análises deontológicas, existia à sua época uma salvaguarda comportamental legada aos médicos por conta de seu histórico religioso voltado para o cristianismo. Entendendo tal cenário, é correto afirmar:

a) Tal comportamento é defasado e alimenta grandes possibilidades de intolerância religiosa, considerando que pressupõe indiretamente uma religião como superior.

b) A salvaguarda se justifica, considerando que existe o respeito pelas tradições cristãs que determinam as vias de comportamento e execução de trabalho de uma nação.

c) O comportamento precisa ser discutido com a família para que ela autorize o exercício de trabalho diante das implicações que o médico venha a sugerir.

d) Precisa haver uma naturalização de tal comportamento, uma vez que cada pessoa deve ser responsável pela sua vida e pelo método escolhido para um tratamento.

Gabarito: a

A resposta do exercício anteriormente proposto se deve ao fato de a medicina ser uma atividade humana, em que escolhas difíceis, além do mero exercício técnico da profissão, serão necessárias para a solução de problemas.

Entretanto, é importante enfatizar que a salvaguarda de um profissional médico, motivada apenas por sua autoridade e por comportamentos baseados em uma doutrina específica, pode fazer parte de uma postura exclusivista e promotora da intolerância religiosa. Por exemplo: um médico hinduísta não carece de uma vertente moral fundamentada no contexto cristão, mas suas decisões baseadas em valores humanos e tecnicamente assertivos podem ser tão boas (ou melhores) que de um médico cristão. Nenhuma doutrina pode servir como régua de análise em relação à competência e à permissão de técnicas profissionais. Neste ponto do texto, podemos concentrar os conteúdos até aqui tratados na Figura 1.3, a seguir.

Figura 1.3 Definições de ética, moral e deontologia

Ética	Moral	Deontologia
Princípios gerais e análise.	Aplicação ao comportamento humano e social.	Aplicação às profissões.

O exemplo proposto por Bentham (1843) nos localiza na relevância da ética, principalmente ligada à moral e às suas implicações. Seus princípios passam pela utilização da investigação para que, por exemplo, sua aplicabilidade não se torne questionável quanto ao exemplo dos médicos da época do filósofo inglês.

É importante que a ética se baseie em princípios imparciais, eximidos de doutrinas relacionadas a qualquer religiosidade, principalmente se levarmos em consideração a ética determinada pelo Estado.

Ainda que seja uma prática complicada, tendo em vista a população cristã ocidental, é determinante que poderes estejam fundamentados em nortes que viabilizem o bem-estar social com um todo, sem benefício para uma matriz religiosa ou um grupo determinado de pessoas.

Considerando os estudos de definição da deontologia, podemos entendê-la como um organismo importante da prática ética, pois esta atua como a base que determina a aplicação de uma ação. O modo como essa determinação será posta em prática é identificada como deontologia.

Ainda nos apoiando em Bentham (1843), exemplificamos aplicações práticas no exercício de determinados trabalhos trazidas pelo pensador inglês. A **filosofia deontológica**, por exemplo, estabelece-se como um conjunto de ações que se impõem de modo obrigatório por dever cívico e compromisso com as leis do país; nesse primeiro entendimento, a ética e a deontologia estão separadas. Nessa linha de estudo, o trabalhador se encontra "submisso" aos limites políticos que prezam pelo todo, ainda que essas restrições não resultem em bem-estar à população, visto que a ordem, nesse contexto, se sobrepõe às demandas sociais. Ainda que essa postura soe como mediadora da ordem que visa ao bem-estar social, a aplicação da ética fundamentada no profundo respeito ao governo foi, muitas vezes, utilizada para o controle de poderes em relação, por exemplo, à comunicação. O desrespeito, a antiética, nesse caso específico, não se refere ao desrespeito ao âmbito social ou a qualquer limite que prejudique a população ou bem-estar da sociedade, mas o desrespeito ao governo vigente, que, por sua vez, encarava tal problema como insubordinação a seu poder e a decisões que deveriam ser vistas pela população como inquestionáveis.

Já a **deontologia pragmática** segue uma linha regulamentada e normativa. Guy Durand (2003), em seus estudos, encarava o sentido mais "fraco" da palavra *deontologia*, por seu emprego que, não raro, ia de encontro a um entendimento mais personalizado dos preceitos éticos e de sua aplicabilidade. Portanto, tal visão passou a ser uma aplicação corporativa do entendimento do termo.

Devemos entender que toda atividade profissional se apoia em uma série de normas e passos destinados a resolver problemas de maneira pragmática e metódica. Tal perspectiva desconsidera a individualidade em situações mais desafiadoras, em que uma visão não tão pautada pela "receita de bolo" é mais producente.

Um médico, ao resolver um problema de saúde, não pode considerar apenas os preceitos físicos que sua atividade propõe, afinal, ao cuidar de um corpo, em conjunto, cuida-se daquele que habita a matéria; aspectos emocionais e psicológicos podem e devem ser considerados.

> **Exemplificando**
>
> Nesse sentido, quando produz uma matéria, redige uma notícia, apura um fato ou corrige um texto, o jornalista, ao basear-se apenas no pragmatismo, não considera as fronteiras humanas, que são justamente as que ditam as demandas e criam a função essencial de sua profissão.
>
> Da mesma maneira, um publicitário não pode pensar em uma peça a ser divulgada sem ponderar seus impactos sociais e as formas que serão utilizadas para sua abordagem.

1.1.2
Ética no trabalho

A visão da deontologia é importante para entendermos uma grande vertente da ética: sua aplicabilidade no ambiente de trabalho. Todo ambiente social traz consigo especificações relacionadas às suas atividades e, do mesmo modo, ao convívio inerente a esse ambiente, seja no espaço físico, seja nas relações interpessoais.

É importante termos em vista que cada trabalho contém sua própria deontologia. Por exemplo, o jornalista se pauta pelo Código de Ética dos Jornalistas Brasileiros (Fenaj), respeitando pontos deveras discutidos em fóruns a partir de estudos e experiências que comprovaram sua eficácia.

Voltado à publicidade, o Brasil regulamenta as atividades desses profissionais pelo Código de Ética da APP (Associação dos Profissionais de Propaganda). O documento, criado em 1957, orienta como os profissionais de propaganda devem pautar-se ao exercer suas atividades em agências, veículos e anunciantes.

> **Para saber mais**
>
> Caso queira acessar aos códigos anteriormente citados, acesse:
>
> FENAJ – Federação Nacional dos Jornalistas Brasileiros. **Código de Ética dos Jornalistas Brasileiros**. 4 ago. 2007. Disponível em: <https://fenaj.org.br/wp-content/uploads/2014/06/04-codigo_de_etica_dos_jornalistas_brasileiros.pdf>. Acesso em: 5 abr. 2021.
>
> APP – Associação dos Profissionais da Propaganda. **Código de Ética dos Profissionais da Propaganda**. out. 1957. Disponível em: <https://cenp.com.br/PDF/Legislacao/Codigo_de_etica_dos_proffisionais_da_propaganda.pdf>. Acesso em: 5 abr. 2021.

Cada profissional, na medida em que se torna um funcionário ou autônomo que busca executar sua atividade com excelência, precisa estar atento a cada ponto dos códigos individuais de cada setor. Convém destacar que o conhecimento técnico-teórico não é suficiente para uma boa atividade laboral; é a boa formação individual que consolida no profissional valores fundamentais no ambiente de trabalho.

Como estudado inicialmente no capítulo, a ética é o exercício normativo do bem-estar social; logo, estruturas pessoais e sociais de convivência, dignidade humana e cidadania fortalecem os laços para a construção de um ambiente pautado pela ética profissional e pessoal.

A ética profissional implica em assumir responsabilidades sociais perante aqueles com quem trabalhamos e que dependem de nosso conhecimento e prática profissional. Começa com a reflexão e deve ser iniciada antes da prática profissional. O professor é elemento-chave para que os princípios de igualdade de oportunidades, tolerância, justiça, liberdade e confiança na comunidade escolar inclusiva passem da reflexão à ação. (Contreras, 2002)

Apesar de estarmos imersos em um meio estritamente social, em que o bem-estar depende de uma estrutura mais desenvolta e fixa do que a de uma formação pessoal, a individualização da responsabilidade ética é fundamental.

Os desafios relacionados à prática ética são inúmeros. Vistos de maneira pragmática, eles não podem apenas ficar no plano do discurso, impresso na forma de códigos, tal como na situação que segue.

Exercício resolvido

Popularmente, entende-se que a prática e a teoria nos ambientes de trabalho são, quase sempre, discrepantes. A prática de trabalho representa um universo de desenvolvimento que não delimita de modo concreto e organizado todas as possibilidades exploradas no âmbito acadêmico, por exemplo.

A academia, normalmente, fornece respaldo teórico e entendimento técnico daquilo que vai ser executado no mercado de trabalho. No entanto, ao nos depararmos com esse âmbito, somos apresentados a um universo complexo com engrenagens que, muitas vezes, desafiam o profissional diante de seus valores.

Considerando esses pontos, suponhamos um caso de grande repercussão social em uma pequena cidade. No jornalismo, o "furo" é o objeto a ser perseguido por todos os profissionais; entretanto, faz parte do exercício jornalístico a apuração dos fatos a serviço da responsabilidade social imposta pelo Código de Ética.

Com base nos estudos relacionados à deontologia e à ética, escolha a alternativa que indica como o jornalista, nessa situação, deve comportar-se considerando tanto suas demandas de trabalho quanto os valores éticos relacionados à sua imagem como profissional e a responsabilidade para com as demais pessoas envolvidas:

a) O jornalista pode abandonar o Código de Ética para cumprir com a demanda solicitada pelo conglomerado em que trabalha em razão da deontologia aplicada ao jornalismo que permite que o "furo" preceda sua apuração.
b) O "furo" deve preceder qualquer serviço de apuração que o jornalista pretenda utilizar para prezar pela competitividade mercadológica entre as empresas.
c) O jornalista não deve utilizar-se de qualquer exceção para realizar o serviço correto de apuração diante de um fato, principalmente se fizerem parte de uma estrutura em que mais pessoas estão envolvidas.
d) O jornalista deve procurar no Código de Ética item que o permita burlar os limites de respeito para com as pessoas envolvidas e prezar pela manutenção de seu emprego.

Gabarito: c

A resposta da atividade proposta justifica-se pelo fato de o jornalista não poder utilizar qualquer exceção para burlar o Código de Ética de seu campo de atuação. Algumas implicações, aliás, servem de reflexão importante não apenas para o profissional do jornalismo, mas para todas as atividades laborais.

Em uma das alternativas do exercício, sugere que o jornalista (trabalhador) pode utilizar-se de alguma "brecha deontológica", ou seja, alguma distorção no Código de Ética específico para que possa passar por cima da responsabilidade social para com as pessoas envolvidas no fato em prol da manutenção de seu emprego e o benefício empresarial.

Ainda que seja improvável a existência de um Código de Ética voltado ao desrespeito para com o âmbito social, é importante que todo exercício profissional seja um exercício fluido, que prime pela constante reflexão quanto todos os pontos que conduzem seu desenvolvimento.

Pessoalmente, o sujeito do enunciado passa por um momento delicado: ao mesmo tempo que se preocupa com sua sobrevivência no mercado de trabalho, vê-se em uma situação na qual uma ou mais pessoas serão afetadas caso desrespeite o Código de Ética.

Na dúvida, o Código de Ética sempre deve ser respeitado, ainda que a ação vá de encontro aos conceitos do empregador e/ou dono do conglomerado. A responsabilidade social deve pautar todo trabalhador e nortear todos os seus caminhos como profissional.

> **O que é?**
>
> **Furo jornalístico**: jargão utilizado pelo meio jornalístico e comunicacional quando uma agência expõe uma notícia e/ou matéria antes dos demais veículos. O furo é considerado o maior trunfo de um jornal ou de um jornalista, mas, por quase sempre desrespeitar os limites éticos, tem sido colocado em xeque quanto à sua real relevância. Afinal, o que mais vale: uma notícia real e respeitosa ou uma notícia rápida?

O jornalismo aqui é utilizado como exemplo relacionado aos desafios do mundo moderno para com os limites éticos que devem ser respeitados. O acesso irrestrito à informação trouxe possibilidades enriquecedoras à grande parte da população, contribuindo para a troca de ideias e fomentações entre os ambientes profissionais e sociais.

No entanto, ao mesmo tempo que a facilidade de acesso aos meios de comunicação trouxe grandes benefícios pela celeridade de ações e equipamentos que facilitam a desenvoltura nos ambientes de trabalho, novos desafios surgiram no campo ético.

1.1.3
A ética (ou a ausência dela) nos tempos da internet

A internet promoveu mudanças significativas nos modos de relacionamento nos tempos modernos. Todos os campos da vida humana sofreram significativas transformações a partir da introdução da tecnologia e, principalmente, das redes sociais no cotidiano.

Antes restrita às interações que promoviam lazer e entretenimento de parcela da população, as redes posteriormente passaram a ser entendidas como plataformas de forte potencial econômico.

A presença do mundo virtual em vários planos dos quais as pessoas participam, muitas vezes de maneira sutil, e sua consequente incorporação ao cotidiano formaram um movimento importante da sociedade capitalista, principalmente para os grandes conglomerados que buscavam exercer maior influência sobre uma sociedade que vinha se tornando menos dependente de guias externos e que ditava seus próprios meios, inclusive de acesso à comunicação no dia a dia.

A presença digital passou a ser determinante para as empresas e para os grandes poderes terem acesso ao público como um todo, incluindo em seu rol comunicacional a interação nas redes sociais e a adesão massiva das mais diversas plataformas.

Figura 1.4 Aplicativos: presença digital como rotina de trabalho

Em conjunto, os escritórios e as agências de publicidade passaram a ter maior participação digital em sua comunicação interna, sem depender, necessariamente, de reuniões pessoais, por exemplo, utilizando as ferramentas dispostas na *internet*, como aplicativos de vídeo-chamada e redes de troca instantânea de mensagem.

Exemplificando

De acordo com a Agência Brasil (Mello, 2020), 46% das empresas adotaram o serviço de *home office* durante a pandemia de covid-19 em 2020. Grandes empresas representaram um percentual de 55% de adesão, e as pequenas, de 31%.

"Apesar das dificuldades, 50% das empresas disseram que a experiência com o teletrabalho superou as expectativas", afirma o estudo (Mello, 2020).

A adoção de meios tecnológicos para suprir as demandas laborais aceleraram uma prática que estava em avanço nos últimos anos. Entretanto, a comunicação organizacional interna, entre colaboradores, e a externa, com os clientes, bem como a necessidade de divisão remota de redes de estrutura entre profissionais e de seus perfis pessoais criaram uma nova problemática ética e deontológica.

O assédio moral e a demanda de trabalho relacionados a pedidos informais cresceram e criaram novos desafios para o trabalhador. Ainda que exista uma dificuldade real de grandes e pequenas empresas de adequar a rotina de trabalho aos novos meios tecnológicos, tais recursos não podem ser entendidos como facilitadores e de aumento da demanda. Nesse caso, o Marco Civil da Internet, aprovado em março de

2014 pela Lei n. 12.965, de 23 abril daquele ano[1], precisa ser entendido e incorporado pelas empresas que prezam pela boa convivência e pela plena execução das atividades de seus funcionários.

A internet e as redes sociais precisam ser encaradas como uma plataforma nova de comunicação que atenda a elevados princípios morais, despindo-se da concepção de que o mundo virtual é terra de ninguém, ambiente propício para quebra de valores morais e éticos bem estabelecidos pelas vias do trabalho.

Ainda sob a chave da ética e da moral, que exploramos anteriormente até chegar às nossas interações virtuais no mundo do trabalho e suas implicações filosóficas, vamos voltar no tempo e tratar resumidamente de correntes do pensamento que conceberam variadas e ricas abordagens dos dois conceitos citados. Vamos a elas.

1.2
Correntes filosóficas

As correntes filosóficas têm como um de seus principais objetos de estudo a relação do homem com os valores estabelecidos em seu tempo. A reflexão sobre tais questões permitiu à humanidade identificar e analisar disposições entre ética, valor e moral. Cada segmento (corrente) refere-se a um estudo específico da filosofia. Esta, por sua vez, propõe-se a estabelecer uma íntima relação entre todos os elementos que envolvem o comportamento humano, que pode seguir uma infinidade de possibilidades apreendidas e levadas a

---

[1] Disponível em: <http://www.planalto.gov.br/ccivil_03/_ato2011-2014/2014/lei/l12965.htm>. Acesso em: 5 abr. 2021.

cabo pelas mais diversas vias de entendimento do mundo. A depender da formação cultural e familiar, por exemplo, inúmeros são os segmentos elaborados para compreender a realidade como ela se apresenta.

A civilização ocidental foi contemplada por uma gama de pensadores que se propunham a entender a realidade por meio de correntes filosóficas cada vez mais elaboradas e complexas. A seguir, faremos um breve resumo das principais escolas de pensamentos e correntes filosóficas, conteúdo indispensável para traçarmos um panorama histórico do modo como nossos padrões de comportamento e de prática ética são, na verdade, ligados a ideias preestabelecidas e perpetuadas ao longo dos anos.

1.2.1
Helenismo

Mais estritamente relacionado a elementos histórico-culturais e menos a aspectos filosóficos, o helenismo foi um fenômeno histórico advindo das vitórias de Alexandre, o Grande. Desse evento deu origem a ramificações de pensamento reconhecidas como o ceticismo, o epicurismo e o estoicismo.

O **ceticismo** entende a paz de espírito como o elemento central de cada vivência. Desse modo, o conhecimento profundo pode ser alcançando por aqueles que se interessam, mas não necessariamente passa pelo pressuposto da obrigação. Nem sentido, nem razão são elementos confiáveis.

Já o **epicurismo** foi denominado dessa maneira por ter sido fundado por Epicuro. Essa corrente idealiza um saber semelhante ao do hedonismo, que objetiva o prazer como objetivo final de cada ação. O culto ao corpo é um dos preceitos epicuristas relacionados à transposição para a realidade.

Por fim, o **estoicismo**, fundado por Zenão de Cítio, entende a vida como um ciclo movido pela natureza, à qual deve ser dedicado um profundo respeito por parte do ser humano. De acordo com o que pregava Zenão, a felicidade e o prazer pleno têm origem na dedicação do indivíduo que dispõe a se entregar profundamente aos chamados da natureza.

> **O que é?**
>
> **Hedonismo**: entendimento do prazer como bem supremo e objetivo máximo da vida. Todas as ações são executadas de modo a gerar uma benesse prazerosa no fim do processo.

1.2.2
Humanismo

O humanismo tem o ser humano como centro do universo. Difundido na Itália entre os séculos XIV a XV e espalhado por toda a Europa à época, tendia a refutar os entendimentos do mundo e do universo como séries transcendentais, defendendo, em vez disso, a associação com o racionalismo. Gianozzo Manetti e Marsilio Ficino são grandes nomes que desenvolveram o humanismo entre as principais escolas de pensamento do período.

1.2.3
Idealismo

O centro das ações, de acordo com essa concepção filosófica, é conduzido pelas ideias e pelo ideário humano. Todo objeto e ação estrutural são contemplados a partir de um imaginário. Os idealistas imaginavam o externo ao "eu" como fruto material das ideias.

Essa abordagem pode soar irreal, uma vez que abdica da materialidade como elemento central da existência. Ainda assim, é importante apresentar um exemplo de observações idealistas: as sensações provocadas por experiências. O campo da psicanálise caracteriza-se por realizar um estudo profundo do idealismo como um paradigma que nos guia na vida. Pensemos nas doenças psicossomáticas, tradicionais exemplos do impacto do idealismo como influência direta no real. Uma doença "abstrata" (por se tratar de uma moléstia fisicamente invisível), a exemplo da depressão, pode acarretar consequências físicas como perda de cabelo, gastrite, úlceras, taquicardia etc. Portanto, a partir das vivências humanas, o corpo físico representa a materialidade do campo das ideias.

Platão, Hegel e Berkeley foram os principais estudiosos e disseminadores da corrente idealista.

Para saber mais

CÉLINE. Direção: Jean-Claude Brisseau. França: Gaumont, 1992. 88 min.

Assista ao filme *Céline* de Jean Claude Brisseau. A fantasia realista do cineasta francês realizada em 1992 exemplifica, por intermédio da arte, uma visão explicitamente idealista.

Acompanhamos a trajetória de redenção espiritual, mental e física de Céline, protagonista do filme, que sofre de depressão e, por consequência, está fadada a lidar com moléstias de todos os âmbitos ao longo de seu percurso.

Tanto a visão do diretor quanto a metalinguagem escolhida por ele revelam a veia idealista, trazendo à tela uma visão de que o campo das ideias conduz tudo que há de material no mundo, materializado por corpos, pela natureza e por todas as criações humanas.

1.2.4
Materialismo

Conduzido por Aristóteles e Karl Marx, o materialismo é o extremo oposto da corrente idealista. Se para os idealistas a realidade parte do campo das ideias e das consequências destas, o materialismo considera o real apenas como o que existe de externo e objetificado.

Nesse caso, prevalece um ideal menos romântico do ser humano em relação à sua realidade, ao mundo e a todas as coisas que existem fora do indivíduo. O próprio homem, de acordo com sua visão, só existe por um corpo físico (objeto).

1.2.5
Escolástica

A cultura ocidental, após ter sido agraciada pelos pensamentos da Grécia Antiga, passou a ser conduzida pelos ensinamentos de Cristo. A escolástica, em resumo, era conduzida pelos ideais da cristandade.

A Idade Média foi marcada pelo domínio da Igreja em todos os aspectos da humanidade. Ética, moral, ensino e comércio eram extensões dos pensamentos disseminados por Cristo e seus seguidores.

Santo Agostinho e Tomás de Aquino foram os maiores pensadores dos ensinamentos escolásticos.

1.2.6
Racionalismo

O pensador racionalista tem como princípio básico a análise da realidade e do comportamento humano por meio da razão. Questões emocionais, suas nuances psíquicas e os aspectos imponderáveis da vida são descartados em prol do fio condutor movido pela racionalidade. Sensações e sentimentos são anulados durante a análise na perspectiva racionalista. Parmênides, René Descartes, Spinoza, Giambattista Vico e Leibniz são os principais da corrente racionalista.

1.2.7
Empirismo

Podemos equacionar o pensamento empírico a partir da lógica:

Experiência = erro – experiência = acerto

Em outras palavras: a tentativa a partir da execução repetida leva à descoberta e ao resultado.

A escola empirista é a mais utilizada em disciplinas científicas e exatas. A experiência é o fio do condutor para o conhecimento; não podemos entender o objeto final – a realidade – por meio de uma suposição ou por ideias abstratas, mas pela vivência.

Exemplificando

Muito voltado para a ciência, o empirismo é constantemente utilizado no contexto dos artigos de análises de futebol.

As engrenagens dos bastidores do esporte conduzem, por exemplo, à troca constante de técnicos de futebol. Trata-se de uma dinâmica de tentativa e erro baseada não na análise aprofundada dos currículos profissionais dos instrutores, mas em como eles vão exercer seus conhecimentos e suas práticas em determinado clube.

O pensamento empírico, de todas as linhas filosóficas é, não obstante, a mais comumente utilizada como método de realização.

1.2.8
Pragmatismo

Originado nos Estados Unidos, o pragmatismo avalia se a verdade estudada terá utilidade para o bom funcionamento da sociedade.

Charles Sanders Peirce, John Dewey e Willian James foram os maiores pensadores da corrente, que visava à prática por vias do pensamento analítico. Sob essa perspectiva, prática e teoria não poderiam dissociar-se; na verdade, precisavam ser complementares para sua real absorção.

1.2.9
Fenomenologia

Fundada nos estudos de Edmund Husserl, a fenomenologia analisa a realidade e os comportamentos humanos pela via dos fenômenos da consciência. A compreensão dos eventos externos só pode ser analisada com base no modo como eles surgem na consciência de cada ser individual.

A consciência que temos (ou deixamos de ter) representa a forma como as coisas são. Portanto, cada indivíduo analisa o ambiente externo a partir de suas acepções, anulando, de maneira prática, a diferença entre sujeito e objeto; assim, ambos se confundem e exercem o mesmo papel.

1.2.10
Existencialismo

O existencialismo entende o ser humano e todas as suas escolhas individuais como o centro da linha de pensamento. Com a existência plena, ações são realizadas e, dessa forma, as consequências – boas ou ruins – dos seus atos denotarão os próximos passos.

O existencialismo foi a escola filosófica que mais reuniu pensadores com doutrinas distintas, pois não se interessava em normatizar os passos humanos, mas em entendê-los como forma de vivência, independentemente de quais fossem.

Naturalmente, muitos dos existencialistas analisavam as filosofias demasiadamente acadêmicas como um processo de abstração que afastava o ser humano de suas ações concretas.

Nessa corrente, preza-se pela liberdade individual humana de realizar suas ações ultrapassando os limites e os desafios impostos pela vida e pela condição social (a ansiedade e o tédio, por exemplo).

> **Para saber mais**
>
> 30 ANOS esta noite. Direção: Louis Malle. França: Lux Compagnie Cinématographique de France, 1963. 108 min.
>
> Assista ao filme *30 anos esta noite* de Louis Malle. A obra francesa narra dois dias da vida de um homem deprimido que, lidando com o alcoolismo, tenta reviver seu passado ao revisitar antigos amores, amizades e ambientes físicos que frequentou ao longo de seus tempos de glória.

> Existencialismo clássico. Podemos perceber a corrente de pensamento por todas as nuances do filme. Desde seu tema e da escolha do personagem até a escolha imagética denotada pelo cineasta francês.

1.2.11 Pós-modernismo

O pós-modernismo é a corrente filosófica que mais se aproxima do pastiche. O objetivo da corrente é ironizar correntes preestabelecidas. São ideias mais céticas e sarcásticas em relação a fundamentações que dão abertura para tal.

Não raro, o pensamento pós-modernista serve como questionador da escolástica em razão de esta última representar uma linha que prima pelos conceitos cristãos e suas aplicabilidades. Compreendendo o moralismo inserido nas doutrinas cristãs e tendendo à irreverência, era natural a junção de diversas escolas para a produção de obras de arte, por exemplo.

Figura 1.5 Exemplo de obra de arte pós-moderna

A Figura 1.5 mostra uma proposta de obra pós-moderna. O autor insere um elemento característico das artes plásticas tradicionais e adiciona efeitos modernos como modo de demonstrar irreverência.

Em suma, o pós-modernismo, em suas diferentes manifestações, caracteriza-se pelo rompimento com o ideal tradicional e com linhas de pensamento que compactuam com tal valor.

Os maiores pensadores de tal corrente são Heráclito, Nietzsche, Kuhn e Derrida.

Exercício resolvido

Vamos pensar em um cenário desafiador e real quanto ao comportamento humano diante da realidade em que vivemos: a pandemia de covid-19. Essa pandemia foi uma surpresa para todos os setores da sociedade: médicos, farmacêuticos, autoridades e a população em geral não estavam minimamente preparadas para um evento de escala global com efeitos trágicos.

A pandemia é um evento que atinge todos os setores de forma impactante. Pensando nesse cenário, qual linha de pensamento tem valor efetivo para uma resposta científica e eficaz em relação à enfermidade?

a) Escolástica, considerando que as vias da fé são essenciais para o bem-estar social e seus estudos auxiliam na resposta global para os desafios trazidos pela doença.

b) Idealismo, tendo em vista que se trata de uma doença com pouco repertório prático e sem nenhum antecedente que ajude os profissionais a subentender que é uma doença psicossomática em todos os seus aspectos.

c) Materialismo, considerando a enfermidade como elemento que corrói a matéria física individual (o corpo humano) e a matéria social (perda de empregos, entre outros males).

d) Empirismo, uma vez que a ciência utiliza o estudo empírico, que move a dinâmica entre experiência = erro – experiência = acerto para a comprovação de métodos eficazes para solucionar tanto a doença em si quanto suas consequências para a sociedade.

Gabarito: d

A resposta dada à atividade justifica-se por sua aplicabilidade central na solução de um problema direto. É bem sabido que a pandemia, além da enfermidade e de suas consequências fatais, também acarretou outros problemas. Por exemplo: para a diminuição do número de casos, foi proposto pela Organização Mundial de Saúde (OMS) que as pessoas praticassem o distanciamento social e a quarentena, ocasionando o fechamento de muitos comércios e a manutenção apenas dos serviços essenciais. Nesse caso, percebemos as consequências sociais dessa pandemia ultrapassam o quesito saúde e demandam novas soluções para os problemas enfrentados pela população. Nessa dinâmica, por exemplo, a escolástica e seu entendimento dos preceitos cristãos como fundamentos da harmonia psíquica e social não podem ser descartados, visto que são efetivos para a estabilização mental de uma nação enlutada.

Entretanto, quanto à eficácia, o entendimento empirista é importante, pois vê como fundamental a repetição de estudos destinados à criação de vacinas e à derrota da doença. Essa visão representa um panorama mais completo, que abrange o maior número de soluções para a sociedade e para o indivíduo. Encontrada a vacina, vários problemas de diferentes espectros poderão ser mitigados e, eventualmente, solucionados.

1.3
As correntes filosóficas e suas aplicações na ética

Por consequência dos progressivos estudos relacionados ao comportamento humano e a todas as suas nuances, a ética tornou-se um dos principais temas abordados nas análises dos grandes pensadores das mais variadas correntes filosóficas.

Os principais nomes da civilização ocidental que legaram à humanidade estudos aprofundados da ética e de todas as suas nuances foram **Aristóteles** e **Kant**. O desenvolvimento da abordagem desses pensadores ainda é constantemente analisado e aplicado nos mais diferentes aspectos da realidade.

A seguir, apresentaremos resumidamente a estrutura teórica dos principais pensadores que refletiram sobre a ética e demonstraremos como suas percepções influenciaram as demais escolas filosóficas.

1.3.1
A ética de acordo com Aristóteles

Aristóteles, filósofo nascido em Estagira, na antiga Macedônia, fundamentou a maioria de seus estudos no que ele denominava *virtude*. Em um de seus escritos mais significativos, no livro *Ética a Nicômaco* (livro dedicado a seu filho), o pensador entendia a ética como a constante busca do exercício virtuoso em todos os aspectos da realidade.

Para Aristóteles, o indivíduo dito *virtuoso* era aquele que buscava constantemente a justiça e os preceitos morais para ditar seus caminhos como ser social e individual. Essa busca foi denominada *justa medida*.

Figura 1.6 Aristóteles: um dos precursores dos estudos da ética no Ocidente

A visão de ética de conforme Aristóteles posteriormente foi chamada de *teleológica*. Levando em consideração o significado do termo grego *telos*, que significa "finalidade", podemos inferir que Aristóteles defendia comportamento humano dedicado à realização de sua finalidade primordial como ser consciente: ser feliz.

Para Aristóteles, a realização plena era pertinente até mesmo para objetos que não obtinham consciência ou vida "real".

Exemplificando

Podemos entender o parágrafo anterior com base no campo das artes. Considerando o filme como objeto do cinema em um todo, de acordo com os estudos aristotélicos temos que os filmes são criados com o propósito de serem assistidos. Todo objeto e todo ser vivo passa pelo processo fundamental de cumprir um caminho e finalizá-lo a partir de seu cumprimento.

1.3.2
A ética conforme Kant

Immanuel Kant foi um dos condutores da filosofia iluminista do século XVIII. O período determinado pelo filósofo e por seus pensamentos direcionados ao racionalismo tendiam à exclusão de ideais voltados para a metafísica e para o cotidiano conduzido por aspectos divinos e soberanos.

O pensador prussiano entendia a ética como um conjunto de preceitos que deviam ser seguidos pela razão, não contabilizando suas questões pessoais e tampouco suas interferências voltadas à cultura ou aos desenvolvimentos interpessoais direcionados a cada pessoa em sua forma indissociável.

Perguntas & respostas

O que é Iluminismo?

Trata-se de um "movimento intelectual do século XVIII, caracterizado pela centralidade da ciência e da racionalidade crítica no questionamento filosófico, o que implica recusa a todas as formas de dogmatismo, esp. o das doutrinas políticas e religiosas tradicionais; Filosofia das Luzes, Ilustração, Esclarecimento, Século das Luzes" (IAH, 2021).

A ética kantiana era mais próxima da ética aplicada à modernidade e aos ambientes de trabalho, por exemplo. Diferentemente de Aristóteles, que buscava esse valor como uma finalidade a ser alcançada, o pensador entendia que a trajetória direcionada à busca da ética era o que mais importava, e não seu resultado. Para o pensador, a grande pergunta a ser respondida era se determinada ação beneficiaria o contexto amplo.

De acordo com o filósofo, se a iniciativa realizada em benefício próprio prejudica o contexto social, caracteriza-se, assim, uma atitude antiética. As ações que visam ao bem-estar do âmbito social amplo e com a participação de todos são explicitamente éticas.

Kant também fazia uma diferenciação entre "ação por dever" e "ação em conformidade ao dever". O pensador entendia que a ação executada em busca de uma finalidade que não seja a da própria ação é considerada **antiética**. A ação executada apenas pelo ideal de vê-la em exercício, por sua vez, é a **ética produtiva**.

Figura 1.7 Kant: grande expoente do Iluminismo

André Muller

Logo percebemos a diferença evidente entre os pensamentos éticos de Kant e de Aristóteles. Ambos divergiam quanto ao modo como a ética devia ser aplicada e quanto à busca (ou não) da finalidade.

Entre os questionamentos pertinentes ao estudo da ética, conforme o filósofo prussiano, um dos mais importantes diz respeito ao indivíduo moderno quando este se vê diante de uma situação conflituosa, que entre em embate com seus valores mais intrínsecos e seu bem-estar.

O ser individual sempre precisa pautar-se pelas consequências de suas realizações para a sociedade; os benefícios pessoais de suas iniciativas precisam ser mera consequência daquilo que realizou para seus pares.

A ideologia de Kant acendeu a chama das discussões sobre a ética nos tempos modernos. Afinal, o respaldo social como categoria assertiva de todas as ações do indivíduo pressupunha um fardo individual que desconsiderava a liberdade individual do homem.

Em resposta, uma corrente filosófica propôs uma discussão contrária ao pensamento de Kant, como veremos a seguir.

1.3.3
A ética segundo o utilitarismo

Corrente filosófica avessa ao tradicionalismo, o utilitarismo visa, como a palavra sugere, avaliar a utilidade das ações para o meio em que ela está inserida, sopesando a moral e a ética das iniciativas humanas com base nesse critério.

A sociedade como um todo deve ser levada em conta apenas se as ações empreendidas e os valores defendidos na realidade tiverem uma utilidade prática. Vamos a um exemplo para ilustrarmos melhor.

Exemplificando

De acordo com o utilitarismo, até mesmo a mentira, ato dificilmente defensável para um bom princípio ético, pode tornar-se necessária para o bom convívio social.

Pensemos em uma grande tragédia de impacto mundial, cujas informações um governo recebe e oculta em prol da conservação do bem-estar social, tentando preservar a saúde mental da população. Para o utilitarismo, tal ação representa, sim, uma ação ética, pois há utilidade em manter a ordem social em detrimento da iminência de uma tragédia.

O pensamento utilitarista se aproxima, não por acaso, de algumas abordagens deontológicas que surgiram ao longo dos anos. Como vimos na primeira seção deste capítulo, alguns métodos estudados por Bentham (1843) propunham a utilização de formas de pensamentos não convencionais, desde que elas repercutissem de maneira significativa no bem-estar social da população.

1.3.4
Ética aplicada à contemporaneidade

Para finalizarmos nossos estudos sobre os conceitos de ética e as correntes filosóficas que se aplicam aos estudos éticos, é importante entendermos seus impactos no cotidiano social e nas correntes filosóficas contemporâneas.

Um dos grandes teóricos da ética e suas demandas contemporâneas foi o sociólogo Zygmunt Bauman. Para o estudioso polonês, a moralidade moderna fundamenta-se estritamente em uma visão baseada nos ideais de Kant.

Podemos afirmar que a contemporaneidade se caracteriza por gerações questionadoras, que buscam a desconstrução de preceitos bem estabelecidos, principalmente se estes excluem parte da população que não usufrui de representatividade. A ética, se baseada de fato no bem-estar social e nas características humanas que prezam por uma interação enriquecedora, precisa elencar novas visões e métodos eficazes de representação da população. Ao estudarmos as correntes filosóficas, podemos compreender sua origem e detectar seus pensamentos e sua profundidade política; no entanto, essas visões precisam estar calcadas na realidade, de modo a contribuir de maneira efetiva para a sociedade, inclusive para os segmentos sociais excluídos diariamente. Apesar de estudos completos e regidos por questionamentos complexos, percebemos a falta de compreensão, principalmente nas investigações mais antigas, que realidades são diferentes muitas vezes em um mesmo ambiente.

> **Exemplificando**
>
> O *modus operandi* de uma comunidade carente é diferente do de um bairro nobre de uma nação continental como o Brasil. Entretanto, isso não pode servir como razão para que coletividades privilegiadas e poderosas de nosso país dirijam o Estado brasileiro de modo a prejudicar comunidades carentes.

A vulnerabilidade social, muitas vezes descartada dos estudos relacionados à ética, precisa ser incluída em uma percepção mais aguçada dos sentidos dos pensadores modernos que versam sobre as vias éticas do futuro.

Novas realidades estão surgindo para as futuras gerações, como demonstrado no início deste capítulo – novas plataformas comunicacionais surgem e, com elas, novos desafios. De acordo com Ribeiro (2015), a visão de um mundo ocidentalizado e "embranquecido" é um obstáculo a novas formas de percepção de uma realidade fortalecida pela diversidade.

> O modelo a ser seguido é o europeu, consequentemente, o padrão estético é o ocidental e branco. Quando se nota o interesse nos casos citados, esses símbolos sofrem um processo de embranquecimento, elitização e exclusão dos costumes. O turbante que sua empregada fazia não era interessante até aquela amarração sair numa revista. O pior lado disso tudo é que a exclusão vem quando a tradição se torna um bem de

consumo caro e de acesso restrito, ou seja, vira "modinha". (Ribeiro, 2015)

O entendimento do mundo "ocidentalizado e branco", de acordo com as palavras de Ribeiro (2015), é fundamental para o entendimento da problemática social disposta nas correntes filosóficas mais antigas, alinhadas a religiões que valorizavam uma cultura burguesa como a régua moral do certo e do errado. O exemplo mencionado pela autora é fundamental para o entendimento de toda a escassez de estudos voltados para populações que não tiveram prestígio histórico por uma visão colonial.

Em um mundo cada vez mais miscigenado e globalizado, deve fazer parte dos posteriores estudos éticos o entendimento de que nenhum setor da sociedade pode ser excluído de análises aprofundadas; devem ser discutidos amplamente com base em questionamentos bem fundamentados e protagonizados por aqueles que se sentem tolhidos e ofendidos por ações antiéticas naturalizadas ao longo dos anos.

Por exemplo, os analistas atuais da ética podem questionar a *chamada apropriação cultural*: Determinado segmento da sociedade deve continuar a ser tolerado quando se apropria indevidamente do repertório cultural de outras comunidades? Até quando a civilização ocidental branca vai prevalecer como matriz incontestável da condução dos conceitos de *certo* e *errado*?

Nesse sentido, correntes filosóficas como a escolástica devem ser problematizadas por uma sociedade que discute aspectos mais complexos do entendimento humano e que encara a coletividade como um grupo de seres que buscam seu bem-estar com base em sua liberdade individual respeitada e exercida diante da história. Nesse sentido, a apropriação cultural e a desvalorização de segmentos e pessoas por conta de suas matrizes religiosas que não fazem parte do *hall* de valorização de um ideal burguês devem ser postas em xeque e entendidas como uma análise importante dos meandros éticos que ditaram e ditam as regulamentações morais de nossa sociedade, ainda que representem o que não queremos para um futuro baseado em estudos éticos e morais mais representativos e justos.

Síntese

- Os conceitos éticos possibilitam uma normatização mais ampla e complexa, com especificidades a serem consideradas, na medida em que são aplicadas em nichos específicos.
- O estudo da deontologia precisa ser associado aos estudos da ética em razão de sua aplicabilidade. Sua prática fomenta discussões sobre o mundo do trabalho, em que certas visões éticas e deontológicas defasadas ainda se fazem presentes.
- As correntes filosóficas não se delimitam a estudos pragmáticos do passado. Suas análises podem ser aplicadas ao pleno entendimento do estado de coisas e dos comportamentos humanos desenvolvidos na sociedade ocidental.
- Os estudiosos que pretenderem realizar análises relacionadas à ética devem ultrapassar os limites da valorização única do mundo ocidental e trazer uma percepção mais inclusiva de sociedade.

2
O pensamento filosófico contemporâneo

Conteúdos do capítulo

- Pensamento filosófico contemporâneo.
- Implicações dos problemas contemporâneos na formação do pensamento crítico e filosófico.
- Marxismo como corrente filosófica.
- Correntes filosóficas contemporâneas.
- Reflexão sobre a modernidade líquida nos tempos modernos.

Após o estudo deste capítulo, você será capaz de:

1. entender as diferenças entre o pensamento filosófico contemporâneo e o antigo;
2. elencar as principais correntes filosóficas contemporâneas com base nos comportamentos sociais, econômicos e comportamentais vigentes;
3. identificar as problemáticas modernas como desafios para a implantação da ética nos ambientes que compõem a rotina do ser humano moderno;
4. relacionar os principais estudiosos para uma discussão mais plural da ética e da sociedade nos tempos modernos;
5. identificar conceitos-chave relacionados à sociedade moderna, que sofreu profundas transformações ao longo dos anos;
6. entender a gênese da problemática moderna em relação ao espaço do homem na sociedade;
7. compreender o avanço da discussão ética a partir da criação do conceito de modernidade líquida e demonstrar como o consumo está diretamente ligado ao modo como as relações humanas se estabelecem na modernidade.

No Capítulo 1, introduzimos os conceitos básicos do pensamento e do exercício ético na sociedade. A ideia geral foi, com base em uma série de conceitos produzidos ao longo dos anos sobre o tema, criar de um conjunto de reflexões pautado pela moral, destinada a promover o bem-estar em ambientes das mais variadas complexidades.

Os principais pensadores que se debruçaram sobre a ética entendiam que as problemáticas do tema advinham da correlação entre a individualidade e o exercício desse conceito na convivência entre os pares. Verificando tais estudos, podemos perceber a influência que a época em que foram desenvolvidos exerceu sobre eles, bem como a complexidade desses períodos históricos. A escolástica, por exemplo, refletia uma sociedade permeada pelos pensamentos católico e protestante, cujos conceitos bíblicos incidiam diretamente no modo como a realidade se desenrolava em seus diferentes âmbitos.

Ao adentrarmos o século XIX e, posteriormente, o século XX, novos desafios e cenários foram estabelecidos na sociedade moderna. Correntes filosóficas passaram a tentar compreender como as novas tecnologias afetavam o cotidiano do ser humano na contemporaneidade e sua influência nos demais aspectos de sua sociabilidade.

A tecnologia passou a determinar novos padrões de desempenho no trabalho e nas demais relações humanas; problemas surgiram em consequência de novas formas de interação, bem como de novos modos de enxergar o mundo e entender os conceitos morais.

A ética, conforme apresentada por Platão e Aristóteles, passou a ser encarada por novas perspectivas, que reavaliaram os modos como a moral era compreendida pela sociedade e fomentaram discussões sobre como deveria ser entendida e exercida em face das novas problemáticas sociais.

No decorrer do Capítulo 2, demonstraremos como a visão de novos pensadores contribuiu para o entendimento de tempos tão desafiadores para o exercício ético nos diferentes ambientes da sociedade.

2.1 Refletindo sobre o pensamento filosófico contemporâneo

Para iniciarmos este estudo, é importante entendermos a raiz do pensamento filosófico em si e sua aplicabilidade em diversos aspectos da realidade.

Na medida em que existe vida, existe uma realidade a ser vivida, independentemente de como ela se aplique. Toda realidade guarda consigo uma série de características que a fazem diferente de todas as outras. Ainda que exista um contexto mais amplo que nos permite verificar similaridades nos períodos, nenhuma realidade pode repetir-se. A realidade é indissociável de seu tempo e da pessoa que a vive.

Exemplificando

Em 1918, a sociedade foi apresentada a uma pandemia global: a gripe espanhola, que guarda similaridades com os problemas vividos nos anos de 2020-2021 em razão da pandemia de covid-19.

A falta de um tratamento eficaz, a implantação de medidas radicais de isolamento e de proteção individual (máscaras e demais paramentos) para a população, o efeito negativo imediato no andamento da economia e a crescente taxa do número de mortos são características que aproximam os dois eventos, que afetaram a humanidade em dois períodos de tempo distintos.

Entretanto, quando avaliamos os efeitos da pandemia no ano de 2020 e da década de 1910, pontuações específicas sempre são destacadas para o entendimento de realidades completamente diferentes.

No macrocontexto, características humanas e sociais abrangentes perpassam os dois cenários; entretanto, mediante as especificações do tempo presente, novos desafios se estabelecem e uma nova realidade é criada para a sociedade.

O início do século XXI foi marcado por avanços significativos em todos os aspectos, individuais e sociais, gerando um novo quadro de questionamentos que já não poderia ser contemplado pelos pensamentos da Antiguidade, da Idade Média e da Modernidade.

Os pensamentos de Aristóteles e de Kant, por exemplo, entendiam uma realidade fundamentada em uma visão atemporal da realidade. Ainda que o propósito, a ação utilitarista e o prazer na realização de nossas ações sejam questões pertinentes tanto no passado quanto no futuro humano, os eventos ocorridos no século XIX (em que o tempo delimitado passou a influenciar o início do pensamento filosófico contemporâneo) alteraram profundamente o estado das coisas da época e dos anos que se seguiram.

Figura 2.1 Novos padrões de trabalho: a tecnologia substitui a força humana

pathdoc/Shutterstock

O cenário estabelecido pela modernidade fez com que o pensamento filosófico da época ultrapassasse o entendimento das relações humanas físicas ou de uma sociedade que contemplava a Igreja ou a política como elementos fundamentais da existência. Afinal, com a chegada da contemporaneidade, a sociedade se viu às voltas com guerras, crises econômicas, avanços tecnológicos nunca pensados, a substituição do serviço braçal pela máquina e, consequentemente, a mudança de todo o mundo do trabalho, com a industrialização em massa da produção de bens e da oferta de serviços, culminando no mundo digital e sua influência inquestionável nas dinâmicas humanas.

O homem moderno não poderia permanecer incólume a mudanças tão significativas. O desenrolar dos períodos históricos vivenciados pela humanidade entre as correntes filosóficas desenvolvidas por Platão e Kant até a modernidade não estavam ligadas unicamente às mudanças do cenário externo ao indivíduo, mas, principalmente, a como essas mudanças haveriam de afetar o comportamento do ser humano em razão de sua realidade.

Para saber mais

Assista ao filme *Tempos modernos* (1936), de Charles Chaplin. Na comédia, a partir de seu icônico personagem "Vagabundo", o autor vivencia a confusão do homem moderno diante dos avanços tecnológicos e das novas formas de execução do serviço laboral.

Além da reflexão filosófica, o filme expõe algumas implicações éticas do futuro que viriam a se consolidar e se perpetuar nos ambientes de trabalho. De acordo com Menusi, Assis e Silva (2015), o filme revela desrespeitos às leis de trabalho que mudariam todo o panorama das relações do homem com seu tempo.

> Encontramos [...] inúmeros desrespeitos às leis trabalhistas: o não registro na CTPS, o não pagamento das horas extras, o não cumprimento do horário de almoço e descanso, a falta do descanso semanal remunerado. Podemos entender, portanto, que esses desrespeitos perduram desde a época do filme, ainda que ele tenha sido produzido antes da efetividade de algumas dessas leis. (Menusi; Assis; Silva, 2015)

A leitura de Chaplin em relação aos novos tempos trouxe um entendimento cultural de que a nova realidade se estabelecia de modo desafiador e de que as relações humanas em geral e de trabalho teriam de ser analisadas pelos pensadores contemporâneos.

Assim, um dos temas importantes do desenvolvimento do pensamento ético, estudado no Capítulo 1, a liberdade individual, passou a ser um pilar do exercício ético moderno.

Antonio Carlos Olivieri (2021) determina que, "antes de qualquer coisa, é uma forma de observar a realidade que procura pensar os acontecimentos além da sua aparência imediata". Podemos perceber, com base na reflexão de Olivieri (2021), que a contemporaneidade começou sob o paradigma da transformação dos cenários, da inserção da tecnologia e das relações líquidas no cotidiano.

Entretanto, o pressuposto da filosofia nos leva ao questionamento: Quais são as consequências da mudança dos paradigmas do trabalho e das relações interpessoais a partir das demandas modernas? Como tais mudanças afetaram diretamente o exercício ético?

Tal qual os primeiros pensadores das correntes filosóficas estudadas anteriormente, a contemporaneidade deu origem a correntes filosóficas que levavam em consideração as novas problemáticas atuais. Além dos panoramas criados pelas transformações trazidas pelos eventos históricos já citados, algumas ações precisariam de ponderação nos estudos dos novos pensadores.

As consequências do advento desse novo cenário de existência criaram novas questões de ordem mental (a depressão como a "doença do século", por exemplo), desafiando o entendimento de novos paradigmas.

Vejamos, a seguir, as principais correntes de pensamentos que buscavam estudar e amparar a sociedade e as novas situações que se fizeram presentes, bem como sua repercussão na formação de um novo pensamento ético.

2.2 Surgimento da filosofia contemporânea

Antes de estudarmos as correntes individualmente, é importante nos situarmos no contexto histórico que deu base para o surgimento da filosofia contemporânea.

Em meados do século XVIII, o mundo presenciava a consolidação do capitalismo como regime econômico. A Revolução Industrial inglesa marcou a nova dinâmica de trabalho e a inserção de máquinas em ambientes que eram regidos especialmente pela obra humana.

Em contraponto ao avanço tecnológico, a exploração do trabalho humano foi tornando-se cada vez pior nas grandes indústrias. A perspectiva da nova dinâmica de trabalho gerava instabilidade nas grandes empresas, que buscavam a produção massiva, ainda que esta demandasse a exaustão dos operários.

O advento de diversas descobertas já fazia parte do cotidiano social e seus consequentes benefícios para o conforto humano começavam a modificar o *status* social vigente: o automóvel, o avião, o telefone, o cinema, a fotografia e a utilização de carvão e petróleo em larga escala mudavam a perspectiva do estado de coisas que regia o dia a dia.

Um sintoma significativo da influência do macrocenário social na essência humana foi a consolidação da máquina como principal ferramenta do sistema produtor efetivo das indústrias, bem como a substituição do trabalho humano por mecanismos.

A mudança de paradigma da atividade laboral foi um marco para a criação de políticas internas das empresas e a adaptação do trabalhador a um novo regime de trabalho, que passaria a revelar uma série de acontecimentos problemáticos.

O desemprego e a exploração desequilibrada do serviço humano motivados pela presença da máquina nos sistemas de produção deu origem à exploração psicológica do trabalhador.

O sistema capitalista passou a nortear toda a sociedade com a ideia de progresso a todo custo, tanto no entendimento das empresas, que objetivavam o lucro e a consolidação de suas marcas, quanto no imaginário do indivíduo, que desenvolvia no meio familiar a ideia de felicidade como acúmulo de posses e de consumo constante.

O século XIX e, posteriormente, o século XX trouxeram consigo fenômenos interessantes relacionados à "corrida do desenvolvimento" econômico, técnico e científico. Ao mesmo tempo que a evolução era percebida em todos os meios, os resultados otimistas esperados pelos ciclos de produção já não eram certos. Além disso, um novo tempo de insegurança pairou sobre a humanidade, que passou a vivenciar momentos sombrios, como a ascensão do nazismo, o advento das duas Guerras Mundiais, a corrida armamentista, a Guerra Fria etc.

Todos esses eventos representaram, e ainda representam, um desafio humano enorme: Como seres sociais, de que modo lidar com todas essas transformações violentas? Em um contexto abrangente, como exercer a moral, a ética e a liberdade individual em meio a um panorama envolto pelo medo (em consequência de guerras) e pela insegurança (mortes inocentes causadas por conflitos e desemprego em massa causado pela recessão)?

Com base nesse questionamento amplo, os temas mais tratados pelo pensamento filosófico contemporâneo dos séculos XIX e XX passaram a ser a origem das espécies, a descoberta dos diferentes níveis de consciência (incluindo o subconsciente) e a teoria da relatividade.

Esses pontos foram abordados pelas principais correntes filosóficas que estudaremos a seguir.

2.2.1
Marxismo

O marxismo é uma corrente filosófica bem mais abrangente do que o nome sugere. Trata-se de um conjunto de ideias sociais, políticas, filosóficas, sociais e comportamentais elaborado por Karl Marx e Friedrich Engels.

Para entendermos essa abordagem filosófica da realidade, precisamos compreender a chave social sob a qual os conceitos de Marx e Engels operam: o trabalho. Compreendendo o trabalho como meio principal da vida humana, é preciso identificar os protagonistas de tal atividade.

Figura 2.2 Karl Marx

André Muller

Segundo os filósofos alemães, podemos subdividir o trabalho entre os donos dos meios de produção e os colaboradores, ou seja, aqueles que executam os serviços para aqueles que possuem o capital.

A engrenagem que estabelece os limites entre o dono do empreendimento e o trabalhador é o foco de estudo do marxismo em relação ao comportamento humano e o lugar do indivíduo no mundo. Para Marx e Engels, a luta de classes era o que mobilizava todos os sentimentos do homem moderno.

Tal ideia, tendo em vista a gama de modos de implantação do pensamento marxista, veio a consolidar seu estudo relacionado ao socialismo científico e ao socialismo utópico. Vejamos, a seguir, o que esses termos significam.

O que é?

O **socialismo científico** é a ciência crítica do capitalismo, como sugerido pelo nome. A corrente foi criada por Karl Marx no auge de seus estudos sobre o capital, afirmando que esse sistema prejudica a posição do homem como ser autônomo na sociedade, sempre subjugado ao dono do capital.

Marx sugeria que o estudo aprofundado das relações econômicas e sociais poderia transformar o posicionamento do homem em seu cotidiano. Com base em tais ideias, Marx viria a escrever sua obra mais emblemática: *O capital*, em 1867.

O **socialismo utópico** acreditava na transformação gradual da sociedade em relação ao seu cotidiano. Na obra *Do socialismo utópico ao socialismo científico*, de 1880, Engels, pensador muito próximo de Marx, defende a ideia de que o desenvolvimento do sistema socialista ocorreria mais cedo ou mais tarde de modo gradual e natural.

Apesar das diversas interpretações e visões de socialistas utópicos, a visão da boa vontade e participação conjunta da população era a força motriz das ideias.

Para respaldar tais ideias, Karl Marx e Friedrich Engels publicaram, no ano de 1848, a obra *O manifesto comunista*, que elenca alguns pontos importantes para a consolidação e concretização do ideal marxista na sociedade subjugada ao capital e aos donos dos meios de produção. A obra explora os seguintes tópicos:

- divisão social do trabalho;
- produção do capital;
- mais-valia;
- luta de classes.

A aplicação das ideias marxistas demandava um pensamento revolucionário. A ideia de revolução pode ser vista tanto no socialismo científico, que introduziu a ideia de implantação do socialismo por diversas vias, quanto no socialismo utópico, que via na passividade o viés de ação correto e que objetivava a boa vontade de outrem.

É interessante perceber que, apesar da fomentação de Marx em suas obras quanto à ação revolucionária, não havia uma ideia de ação pela ação (sem um objetivo declarado). A revolução deveria ser empreendida em nome da igualdade de classes, e a "destruição" do *status quo* deveria ser efetuada para que o bem-estar de camadas não privilegiadas da sociedade pudesse tornar-se realidade.

De acordo com marxismo, a conservação de uma perspectiva social que compactua com uma visão em que o trabalhador é mera peça-chave de uma engrenagem que visa ao lucro é um modo declarado de manutenção de privilégio de uma classe em relação a outra.

Com base em tal percepção, o marxismo consolidou alguns entendimentos-chave a serem aplicados em certos aspectos da realidade. Por exemplo: o conceito de história, para o marxismo, estava atrelado diretamente ao bem-estar humano (ou à falta dele). A abordagem marxista via o conhecimento como libertação do homem, além de entender que a ação do indivíduo perante o governo estabelecido possibilitava a ação revolucionária e a autonomia do ser humano diante de todo e qualquer pensamento dominante. Importante destacar que o conhecimento era fundamental para a implantação da ideia socialista científica, como no caso da luta de classes. Caso o trabalhador tivesse a consciência da importância do seu papel e de que o lucro e o resultado de seu trabalho seriam entregues a um "terceiro" (ao chefe-patrão), haveria grande chance de uma ação social que quebraria o estigma entre produtor e burguês.

Entre os conceitos mais caros ao marxismo, o de Estado foi o que mais impulsionou o desenvolvimento do pensamento socialista fomentado por Marx. A ética, nesse caso, entra em pauta: na visão de Marx, o Estado é uma estrutura que interfere diretamente no bem-estar humano. Para o pensador alemão, o Estado utiliza um repertório de ferramentas que lhe possibilita dominar determinada classe. Por mais democrática que essa estrutura seja, o modo como o desenvolvimento é estabelecido permite que a classe dominante (governo) manipule a classe trabalhadora.

Entre os recursos dos quais o Estado se utiliza para dominar certos segmentos da sociedade, a burocracia e a institucionalização da violência, de acordo com o marxismo, são os mais importantes e eficazes. Tendo essa dinâmica em vista, a abordagem filosófica marxista defendeu a postura daqueles de combate sistêmico ao capital. Nesse processo, o anarquismo foi um dos desmembramentos do descontentamento da massa com o *modus operandi* de um Estado que, no entendimento desse movimento, manipulava a coletividade trabalhadora e explorada com a ideia falsa de preservação da ordem a todo e qualquer custo.

O que é?

O anarquismo é um ideal político-social que se opõe a qualquer hierarquia dominante. A utilização da violência é compreendida como um método necessário para transformações mais profundas, em especial em se tratando de ordens como a Igreja, os governos etc.

Figura 2.3 Movimento *Black Bloc*: anarquismo como questionamento social

doom.ko/Shutterstock

Em consonância com a ideia de socialismo como regime a ser adotado por uma população descontente com sua realidade, fica implícito que a revolução armada, na perspectiva anarquista, é uma possibilidade para a criação de um novo modo de governar – com a participação popular, sem divisão de classes.

> **Fique atento!**
>
> Você sabia que o movimento *Black Bloc* (organização anarquista contra forças predominantes na sociedade) começou a agir no Brasil a partir dos anos 2000?
>
> A ação de 2000 foi a primeira registrada pela grande imprensa que cobria a ação dos *black blocs* em território nacional. A intervenção foi registrada na ação global da sociedade em 27 de setembro de 2000. A manifestação organizou a depredação da sede da Bovespa em São Paulo.

2.2.2
Positivismo

A corrente filosófica positivista teve origem na França, no século XIX, e defendia que o fundamento científico é a única forma de conhecimento verdadeiro. Duas orientações, com base em tal ideal, conduzem o positivismo como filosofia:

- orientação científica (que consolida uma divisão das ciências);
- orientação psicológica (que investiga a natureza humana).

Os dois ideais expostos anulam qualquer ideia metafísica e/ou espiritual, propondo uma total adesão às provas científicas em relação a todos os aspectos da realidade.

Auguste Comte foi o primeiro filósofo que se apropriou do termo para categorizar a ciência como corrente filosófica que serviria de matriz justificável de todas as relações humanas.

Comte foi fortemente influenciado pelo fim do ciclo iluminista e pela ascensão dos métodos científicos. O *Curso de filosofia positiva* foi sua obra fundamental para conceituar e registrar suas ideias e consolidar a noção de que o intelecto permite qualquer desenvolvimento humano.

O positivismo se guia por algumas ciências para basear suas ideias de desenvolvimento diante da realidade:

Figura 2.4 Auguste Comte

André Muller

- matemática;
- física;
- astronomia;
- química;
- biologia;
- sociologia.

Apesar de declarar explícita oposição às ordens metafísicas e espirituais, o positivismo romantiza a ciência ao ponto de depositar nela sua "base espiritual". Sua fé irrestrita é na razão. Além disso, os conceitos éticos e humanos devem ser fundamentados em um profundo cientificismo, que deve nortear o homem em todos os conflitos e aspectos sociais.

Considerando tais questões, vamos fazer uma reflexão embasada no entendimento positivista.

2.2.3
Niilismo

Viktor Frankl (2016), nas fundamentações-base de sua linha terapêutica, a *logoterapia*, criou um termo que é útil para o entendimento do niilismo como corrente filosófica e linha de pensamento, levando em conta as repercussões dos eventos históricos e sociais que exploramos nos parágrafos anteriores. De acordo com o neuropsiquiatra austríaco, a depressão pode ter origem na neurose noogênica, que, segundo Machado (2010, p. 43), tem início

> não na dimensão psicológica, mas na dimensão da existência humana "noológica" (do grego *noos*, que significa "espírito"). Tais neuroses têm origem na frustração existencial. O termo "existencial" pode ser usado de três maneiras distintas: ao modo especificamente humano de ser, ao sentido da existência e à busca por um sentido concreto na existência pessoal.

Para Frankl (2016), a busca por sentido – principal força motivadora humana – causa uma tensão no equilíbrio interior. Essa tensão, porém, é necessária e é fruto da diferença entre o que somos e o que deveríamos ser. A doença ocorre quando essa diferença é grande demais, ocasionando desespero, ou muito pequena, gerando tédio ou indiferença.

Frankl (2016) compreende o niilismo como uma das bases do mal-estar do ser humano na civilização moderna. Entretanto, podemos entender a corrente como uma aceitação do vazio como natureza fundamental humana, e não necessariamente como mero condicionante mental. Alguns filósofos e pensadores afirmaram o termo como negativista, de entendimento demasiadamente cético, em detrimento de uma realidade que carecia de uma figura divina para que a ordem humana fosse restabelecida.

Outros pensadores posicionaram-se de forma contrária: o niilismo pressupunha um entendimento de libertação do homem em relação a suas tradições metafísicas e espirituais. Os principais pensadores niilistas são os apresentados a seguir:

- Friedrich Schlegel (1772-1829);
- Friedrich Hegel (1770-1831);
- Arthur Schopenhauer (1788-1860);
- Friedrich Nietzsche (1844-1900);
- Martin Heidegger (1889-1976);
- Ernst Jünger (1895-1998);
- Jürgen Habemas (1929-?).

O niilismo segundo Nietzsche

Os estudos de Nietzsche começaram com a polêmica afirmação de que "Deus está morto". O filósofo alemão entendia a "morte de Deus" literal, ou seja, de que a figura divina havia morrido de fato, mas que a morte do símbolo metafísico indicava que o ser humano deveria ser libertado dos dogmas que o conduziam a todo um preceito de moral e ética.

A "ausência de sentido", inerente à época em que Nietzsche realizou sua obra, instilava no homem um novo conceito de ação de acordo com seus impulsos e suas potências catalisadoras. O "novo homem" surgia ancorado no entendimento de que poderia encarar e realizar qualquer tipo de ação que desejasse.

O pensador alemão afirmava que a destituição de qualquer crença divina significava a emancipação do indivíduo, que era corrompido pelas normais tradicionais e religiosas. O sentido de libertação e moral que a escolástica defendia era questionado por Nietzsche, que entendia as tradições religiosas como correntes que transformavam o homem em um ser suscetível a escolhas desconexas com seu ideal de moral, bem-estar e ética.

Figura 2.5 Friedrich Nietzsche

André Muller

Tendo em vista o conteúdo tratado até aqui sobre o niilismo, vamos abordar sua aplicabilidade no cotidiano do homem moderno por meio da atividade a seguir.

Exercício resolvido

No Capítulo 1, tratamos da lógica deontológica, que defendia a ideia de que uma moral fundamentada em princípios cristãos ultrapassava os limites de qualquer respeito às leis governamentais ou baseadas na ética definida em uma via "mundana".

Nesta seção, discutimos sobre a ausência de um pensamento metafísico com base na corrente filosófica niilista encabeçada por Nietzsche, que, para muitos estudiosos, era uma teoria negativista, por ser embasada em uma visão da contemplação do vazio.

Considerando os dois pontos de vista, qual corrente filosófica mais se aproxima das questões éticas determinadas nos ambientes de trabalho governamentais:

a) A escolástica, pelo fato de gozar de crivo popular e de defender as leis cristãs, tidas como preceitos superiores de moral e ética, determinando, assim, métodos de trabalho com base nos conceitos da cristandade.

b) O niilismo, por ter influenciado totalmente os ambientes de trabalho em território nacional, criando um novo paradigma de relações externas e internas, eliminando totalmente qualquer influência cristã no exercício ético nos locais de trabalho.

c) Ambas as visões são válidas, visto que conduzem os ambientes de trabalho internos e externos com o balanço necessário para que os dois segmentos caminhem de maneira consonante e harmônica.

d) Há uma ideia, em âmbitos de discussão de natureza governamental, de que o Estado precisa ser laico e se aproximar do niilismo, que preza pela liberdade do homem como ser que se afasta de questões espirituais; no entanto, a matriz conservadora-cristã do Brasil ainda dita regras e encaminhamentos na forma de ser e agir no país.

Gabarito: d

A resposta "d" é a correta pelas seguintes razões: a despeito do discurso oficial reiterado de que nossa nação se constitui em um Estado laico – que preserva as atividades laborais e morais do ser individual por seu respeito às leis, e não por sua associação religiosa –, percebemos uma forte consequência do ideal cristão no desenvolvimento político, social e trabalhista no Brasil.

A nação ainda carece de laicidade real e efetiva em vários aspectos, principalmente nos governamentais, que aderem às leis cristãs como fonte de proibição ou sanção de questões relacionadas à saúde pública, à economia, entre outras demandas.

O niilismo, aplicado às leis humanas, pode ser entendido não como um modo de negacionismo religioso, mas como uma libertação do Estado e dos poderes governamentais de uma amarra doutrinária, que prezem pela segurança e garantia dos direitos de cada cidadão.

2.2.4
A filosofia no século XX

A filosofia contemporânea, mais especificamente em meados do século XX, contou com importantes nomes que definiram o pensamento e a análise do ser humano em relação à sua posição no mundo.

A seguir, trataremos das especificidades do trabalho de alguns desses pensadores e demonstraremos como seus estudos se aplicam ao mundo moderno.

Michel Foucault

A linha de estudo de Michel Foucault se concentrava na relação entre o conhecimento e o poder. O filósofo fazia parte de uma linha de pensadores que militavam por causas importantes debatidas (e combatidas) em meados do século XX.

Entre as demandas em que Foucault se envolveu, o racismo consistia em um tema que lhe era caro. O filósofo, em linhas gerais, deu luz aos estudos de uma série de temas marginalizados e considerados tabus por uma vasta parte da sociedade conservadora da época. Podemos citar como exemplo suas análises a respeito dos sistemas penitenciários.

Figura 2.6 Michel Foucault

A reforma penitenciária, proposta pelo pensador francês, partia do entendimento de que o sistema penitenciário carecia de uma percepção real da condição dos presos: como os métodos prisionais da época não visavam reabilitar o preso para seu reingresso social, eles fracassam já em sua implantação. Quanto a esse tema, a principal obra do filósofo foi *Vigiar e punir*, publicada no ano de 1975. O filósofo utilizava sua terra natal, a França, como pano de fundo para suas reflexões acerca da estrutura penitenciária. Os processos disciplinares adotados no território francês eram abertamente discutidos pelo estudioso: na obra citada, ele se pergunta se o método de tortura, que se tornara costume como forma de punição na França dos anos 1970, era um método eficaz de punição para crimes em vez do encarceramento, por exemplo.

> **Para saber mais**
>
> DE BARULHO e de fúria. Direção: Jean-Claude Brisseau. França: Les Films du Losange, 1988. 95 min.
>
> Assista ao filme *De barulho e de fúria*, que retrata a vida violenta de jovens dos subúrbios franceses, seu cotidiano marcado pela intervenção do Estado e os métodos utilizados pelas escolas públicas para intervir em seu comportamento.
>
> Em uma de suas cenas marcantes, a produção retrata a temporada de um jovem na prisão, trazendo um panorama de como os crimes eram encarados nas décadas de 1970 e 1980 na França, cenário estudado e refletido por Michel Foucault em *Vigiar e punir*.

Ainda de acordo com o filósofo francês, certos grupos se utilizam das instituições como modo de se perpetuar no poder e preservar o abuso da individualidade humana. A ideia de disciplina como fundamento do comportamento ocidental é objeto de crítica dos estudos do pensador.

O termo *domesticar* é frequentemente utilizado por Foucault para tratar do exercício dos métodos de poder. A onipresença das regras e sua imposição contínua são maneiras diretas e indiretas de regulação da espontaneidade humana, castrando os reais impulsos e os sentidos naturais da humanidade.

A escola é um exemplo dessa estrutura de dominação: toda a sua estrutura simbólica (regras relacionadas a horários, disciplinas restritivas e dispostas em grade horária) e sua estrutura física (paredes padronizadas, carteiras perfiladas, uniformes etc.) são recursos para enclausurar e conformar os alunos, domesticá-los para atender às futuras demandas econômicas da sociedade.

Foucault entendia o meio escolar como uma primeira iniciação prisional. Se antes era uma forma de castigo para os alunos que não atendiam às expectativas sociais, a escola agora servia como uma introdução para o castigo futuro exposto pelo sistema prisional.

É possível perceber uma evolução no modo de compreender a realidade e a sociedade. Menos centrado nos macrotemas dispostos pelos primeiros filósofos e mais atento às classes mais vulneráveis, Foucault abria um precedente para novos estudos e novas maneiras de enxergar tópicos que não eram profundamente desenvolvidos.

No que se refere ao olhar direcionado a temas que urgiam ser discutidos na contemporaneidade, conheceremos, a seguir, uma filósofa que revolucionou a maneira de entender a classe feminina e seu poder na sociedade: Simone de Beauvoir.

Simone de Beauvoir

As denominações para Simone de Beauvoir eram inúmeras, entre elas professora, filósofa e ativista. Trata-se da principal percussora de um dos temas mais debatidos pela sociedade atual em seus mais diversos campos: o feminismo.

A pensadora francesa é considerada, até hoje, uma das maiores teóricas do tema em razão da maneira com que conduziu o entendimento da figura da mulher diante da sociedade de sua época.

Em uma de suas principais frases, Simone de Beauvoir (2008, p. 9) afirmou: "Ninguém nasce mulher: torna-se mulher". Ao citar sua célebre frase, abria-se um novo precedente que viria a pautar as discussões dos mais diversos fóruns e campos sociais da sociedade moderna.

Figura 2.7 Simone de Beauvoir

Considerando tal afirmação e a ideia exposta pela filósofa em seus estudos, vamos refletir sobre suas considerações por meio da resolução de uma atividade.

Exercício resolvido

A ideologia de gênero tem fomentado várias discussões em diversos campos sociais e, principalmente, nos fóruns intelectuais, como em universidades, redes de televisão, redações de jornais e escolas, sugerindo um modo de educar os alunos com base em um posicionamento progressista, diverso e tolerante.

Com base na afirmação de Simone de Beauvoir, o que podemos entender sobre a definição de gênero e sua reflexão acerca das crenças limitantes relacionados ao corpo humano?

a) A reflexão de Simone de Beauvoir se aplica unicamente ao corpo biológico feminino no que diz respeito a se tornar mulher. O entendimento biológico deve ser respeitado em seu sentido mais básico segundo a pensadora francesa.

b) A reflexão de Simone de Beauvoir pressupõe que não existem delimitações biológicas que determinam um ser humano como mulher ou como homem, por exemplo, fortalecendo o entendimento da ideologia de gênero como compreensão do corpo e da orientação sexual.

c) A reflexão de Simone de Beauvoir não pode ser entendida de maneira literal por delimitar a um tempo que, se contextualizado, descarta a ideia da implantação da ideologia de gênero como método de conhecimento identitário.

d) A reflexão de Simone de Beauvoir precisa passar por um crivo do Estado, para que tenha valia diante das questões éticas estudadas e disseminadas pela filósofa e por seu grupo de estudiosos.

Gabarito: b

De acordo com a estudiosa francesa, "nenhum destino biológico, psíquico, econômico define a forma que a fêmea humana assume no seio da sociedade" (Beauvoir, 2008, p. 9). Em outras palavras, conforme as reflexões de Beauvoir, o fato de uma pessoa ter nascido com um corpo masculino não determina que esse indivíduo é obrigado a desenvolver uma identidade de gênero masculina e vice-versa. O "tornar-se mulher", citado anteriormente, abrange a quebra de preceitos que aprisionam a pessoa em um corpo com o qual ela não se identifica.

A trajetória revolucionária de Simone de Beauvoir teve início com sua escolha pelo ateísmo em meio a uma família tradicionalmente católica. Segundo a filósofa, era mais aceitável ser conduzida por uma trajetória sem criador do que pela de um criador marcado por suas contradições.

Uma de suas principais obras foi *O segundo sexo*, publicada em 1949. Posteriormente, a obra viria a ser um dos grandes guias modernos sobre a temática feminista. Apesar de sua obra ter um viés revolucionário e independente de grandes pensadores de época anteriores, Beauvoir se baseou nas fundamentações existencialistas, que prezavam pela liberdade do indivíduo acima de qualquer valor. O livro elegeu como sua fundação a igualdade de gênero, defendendo a luta pela liberdade da mulher e pela equidade de direitos em relação à coletividade masculina.

À época, a pensadora foi considerada um incômodo para os segmentos detentores de poder da sociedade. O maior exemplo dessa insatisfação foi a inclusão da obra citada na lista negra do Vaticano, pelo fato de o livro revelar o descontentamento da mulher moderna em relação ao estado opressivo da sociedade patriarcal.

Beauvoir voltou a causar incômodo na sociedade conservadora ao continuar publicando obras que questionavam valores predeterminados pela sociedade conservadora. Por exemplo: em *Memórias de uma moça bem-comportada*, vemos um relato autobiográfico em que a autora questiona a maternidade e a sacralidade do casamento. Percebemos, nesse caso, que sua visão eliminava a romantização relacionada ao relacionamento heteronormativo imposto pela Igreja Católica.

O entendimento da filósofa não se baseava em uma ideia restrita de rebeldia contra o casamento pura e simplesmente por sua tradição. Segundo suas reflexões, o casamento era uma forma de escravidão e determinação do Estado e da Igreja para regular a vida da mulher moderna.

Prezando sempre pela liberdade, a pensadora francesa acreditava que a mulher devia ter autonomia e se libertar de uma engrenagem que mantinha um sistema de violência em seus mais diversos aspectos.

Exemplificando

De acordo com a *Atlas da violência* (Ipea, 2018), o Brasil teve, à época do levantamento, 1 mulher assassinada a cada 2 horas. Em uma análise um pouco mais aprofundada, podemos verificar que o feminicídio atinge em sua maioria mulheres pretas, que compõem 68% das vítimas, praticamente o dobro de mulheres não negras que tiveram suas vidas ceifadas no ano em questão.

Os dados fazem parte de um estudo empreendido há muitos anos, que tem o objetivo de dar voz e luz aos direitos da mulher. Esse protagonismo, defendido pelo movimento feminista, já vinha sendo trabalhado nos estudos e nas reflexões de Simone de Beauvoir.

Beauvoir angariou inúmeras defensoras e defensores de suas ideias, mas o número de detratores de suas reflexões foi tão significativo quanto. Entretanto, é inegável a participação da pensadora francesa na formação de uma corrente de pensamento filosófico contemporânea e fundamentada nas demandas sociais da época.

O rompimento com valores fundamentados em ideais cristãos era endossado, à época, por uma parcela significativa dos excluídos pela sociedade e pela história, parcela da humanidade incansavelmente defendida por Beauvoir. O fato de uma mulher ter uma participação determinante na mudança do *establishment* perpetuado pelo patriarcado possibilitou abertura para uma nova forma de pensar a sociedade e seus caminhos éticos calcados em valores fundamentais de respeito e liberdade individual, associados a uma ideia plural de sociedade que abrangesse classes há muito desassistidas.

Zygmunt Bauman

Sociólogo e filósofo polonês, Bauman construiu sua fundamentação teórica quando de sua expulsão do Partido Comunista. A partir desse momento, o pensador começou a se afastar de ideias radicais da ideologia de Marx.

A censura de seu país obrigou o filósofo e sociólogo a migrar para Israel e abdicar de sua nacionalidade polonesa. Em sua temporada em Tel Aviv, o pensador entendeu que muitos judeus utilizavam o holocausto como base para cometer seus próprios crimes.

No entanto, foi na Inglaterra, na faculdade de Leeds, que o filósofo desenvolveu suas principais ideias relacionadas ao conceito que o tornaria conhecido em todo o mundo: a **modernidade líquida**. Muitos movimentos anticapitalistas e de antiglobalização encontravam nas teorias de Bauman respaldo suficiente para

Figura 2.8 Zygmunt Bauman

defender que os dois movimentos deveriam ser extintos em prol de uma organização social melhor e mais evoluída.

O estudioso elenca fatores que contribuíram para a instalação da modernidade líquida e sua fixação no mundo moderno e pós-moderno (Bauman, 2001):

- O fortalecimento de grandes conglomerados industriais monopolistas.
- A obrigatoriedade de inserção da tecnologia como medida de *status* social e as velozes alterações que esse fenômeno impõe na vida das pessoas.
- A facilidade dos processos de migração e de imigração que viabilizam a miscigenação de culturas e povos.

O que é?

Modernidade líquida foi a expressão idealizada e disseminada por Bauman (2001) para se referir às relações do mundo moderno em todas as suas esferas: social, ética, cultural, afetiva etc.

O conceito é fundamentado na ideia de que todas as relações são influenciadas por conceitos de volatilidade e fluidez. As relações sólidas, centradas por um ideal de pragmatismo e durabilidade – tanto em termos cronológicos quanto emocionais – tornam-se desatualizadas e caem em desuso.

Algumas características do conceito em questão são apresentadas a seguir:

- O ser individual é definido pelas escolhas que faz em relação ao estilo que adota para sua vida.
- A sociedade deve ser moldada à personalidade do indivíduo, e não o contrário (como definido por outras correntes filosóficas passadas).
- A insegurança trabalhista passa a ser um dos elementos determinantes para o mal-estar do homem moderno. Sem os benefícios baseados na "fidelidade" das empresas para com seus empregados no passado, o homem dificilmente tem o mesmo trabalho durante toda a vida.

As relações sociais de acordo com Bauman: o amor líquido e a vida líquida

Para Bauman (2001), um dos grandes determinantes culturais da modernidade, o amor romântico, teria sido um dos fundamentos humanos mais afetados pelo surgimento do novo padrão de relacionamentos associado às esferas voláteis do amor líquido. Por exemplo, o casamento, tido até então como um laço eterno entre os casais, que objetivava a reprodução e a manutenção do "ciclo humano", passou a ser influenciado por uma visão menos idealizada, em que as relações matrimoniais deveriam ser avaliadas como uma experiência *per si*, não como um vínculo inquebrável. Encarada dessa maneira, a instituição do casamento poderia ser encerrada caso a vivência fosse negativa, raciocínio que apresenta grande similaridade com a experiência do consumo.

De acordo com o sociólogo, a tecnologia teve papel fundamental na condução do homem moderno à troca de experiências. No entanto, na mesma medida em que a conexão entre as pessoas se tornava cada vez avançada, a desconexão, trazida pela distância entre os indivíduos isolados em seus espaços privados, passou a ser imposta, trazendo à tona a liquidez das relações.

A facilidade de rompimento de vínculos presente em qualquer aspecto da vida veio a facilitar o processo que Bauman (2001) categorizou como falta de comprometimento do homem moderno com qualquer instância em que ele esteja inserido. Isso levou o estudioso a um de seus questionamentos mais relevantes sobre a ética: Estando o homem moderno tão propenso a frustrações fragmentadas em razão de uma vida sem senso de continuidade e de pertencimento, como estabelecer limites entre moral e valor?

Modernidade sólida versus modernidade líquida

Ainda que a dita *modernidade sólida* fosse composta por uma série de determinantes que castravam o homem em seu processo de individualização, Bauman (2001) entendia esse paradigma social como um cenário que oferecia mais segurança para o ser humano.

Por outro lado, o enfraquecimento das instituições que traziam estabilidade à configuração social da humanidade passava a dar lugar para o crescimento incessante da economia e para as novas necessidades de consumo.

Além disso, a sensação de liberdade total (no plano teórico), ou seja, de autonomia para determinar seu caminho e sua visão sobre o mundo, ocasiona angústia no ser humano, que se vê sem uma âncora moral e um refúgio de seus problemas. Segundo a avaliação do sociólogo, a liberdade total do ser humano o impulsiona a questionar mais, o que não significa necessariamente que ele goza de autonomia em seus aspectos mais primitivos, que prescinda de limite éticos e morais.

Ainda que a modernidade líquida tenha trazido mais perguntas que resoluções, esse processo faz parte da reflexão moderna em sua interação com a realidade do mundo, e não tem mais volta. Assim, é importante que a humanidade encontre um equilíbrio entre as velozes mudanças que fazem parte de nosso cotidiano pós-moderno e o desejo profundo de certos segmentos por um retrocesso social que traga de volta certas hierarquizações e determinações que já entendemos como superadas.

A seguir, apresentamos um quadro que pontua bem as ideias de Bauman (2001) com relação às características das modernidades sólida e líquida.

Quadro 2.1 Modernidade sólida *versus* modernidade líquida

Modernidade sólida	Modernidade líquida
Consumo e produção ordenada	Consumo desenfreado e instabilidade
Sobrevivência como base de consumo	Aceitação social como base do consumo
Instituições sólidas	Instituições fluidas
Terra como pertencimento de trabalho e vida	Mobilidade geográfica e flexibilidade trabalhista
Relacionamentos duradouros	Relacionamentos como experiência

Fonte: Elaborado com base em Bauman, 2001.

O quadro nos permite fazer o seguinte questionamento: Diante de todas as dúvidas estabelecidas pelo pensamento pós-moderno sobre o abandono de uma visão absolutamente dogmática da realidade, qual deve ser o "terreno" base para uma discussão ampla da ética na modernidade?

2.2.5
Ética, consumo e filosofia contemporânea

Em um ambiente social repleto de dúvidas, em que há, de um lado, uma descrença generalizada e, de outro, uma busca desesperada por um norte, um ponto fixo, um abrigo para as mudanças aceleradas, é natural que os pontos de vista sobre a realidade que vivemos esteja imersa em ceticismo e pessimismo.

No entanto, mesmo nesse cenário por vezes incerto, por vezes trágico, temos de reconhecer que a filosofia contemporânea levantou questões primordiais para a consolidação de uma sociedade mais igualitária, e não apenas no exercício ético, mas na realização humana como um todo.

Os grandes pensadores das correntes filosóficas até o fim do século XIX se propunham a entender a sociedade com base em um conceito de homogeneização que não existia – afinal, diante de todo o questionamento relacionado à moral e à forma como a ética se estabelece, a liberdade individual e o modo como o ser humano exerce sua existência no mundo conta tanto quanto seu bem-estar.

Nesse sentido, questionamentos como os de Bauman em relação à aflição do homem moderno são importantes, pois endossam as reflexões de Simone de Beauvoir e de Michel Foucault dos espaços sociais ordenados como fontes de opressão para diversas classes sociais e gêneros.

Na realidade, a discussão ética nunca foi tão abrangente quanto pretendia ser. Por muito tempo, na qualidade de pensador da ética, o *homem*, no sentido estrito da palavra, correspondeu a um indivíduo quase sempre branco, burguês, privilegiado dentro de uma engrenagem social concebida para que fosse o protagonista não apenas de sua vida, mas de seu tempo.

Diante desse contexto, os novos modos de relacionamento, de realidade e de sociabilidade, ainda que apresentem vicissitudes inerentes ao desapego de certas tradições, democratizam o papel de todas as pessoas nos espaços de convívio social. Mulheres, negros, indígenas, homens brancos, a comunidade LGBTQIA+, graças ao advento da modernidade líquida, passaram a ter a mesma aflição em relação ao exercício da ética em um espaço social formado por todos.

Se as formas de pensamento moderno não buscaram um novo arranjo social que abarcasse todos os espaços e classes, a solução, ainda que nascida de uma profunda vontade de questionamento, haveria de ser o fim da segurança daqueles que gozavam de privilégios.

Se a solução ética não é para todos, a angústia pela falta dela deveria ser. A discussão passa a ser essa.

Síntese

- A realidade não pode ser dividida, ainda que haja períodos que apresentem muitas similaridades.
- Cada período histórico carrega em si nuances, aspectos indissociáveis que precisam ser compreendidos, como os debates relativos a determinado tempo, que podem trazer respostas valiosas para gerações futuras.
- Na contemporaneidade, passou-se a discutir a ética com base no rompimento com correntes doutrinárias que perpassaram a Antiguidade até o fim do século XIX.

- A discussão ética passou a envolver uma participação mais democrática dos indivíduos a partir dos estudos de Michel Foucault e de Simone de Beauvoir.
- A modernidade líquida foi um conceito indispensável para compreendermos todas as determinações modernas relacionadas à realidade vivida pelo ser humano e seu entendimento da ética.

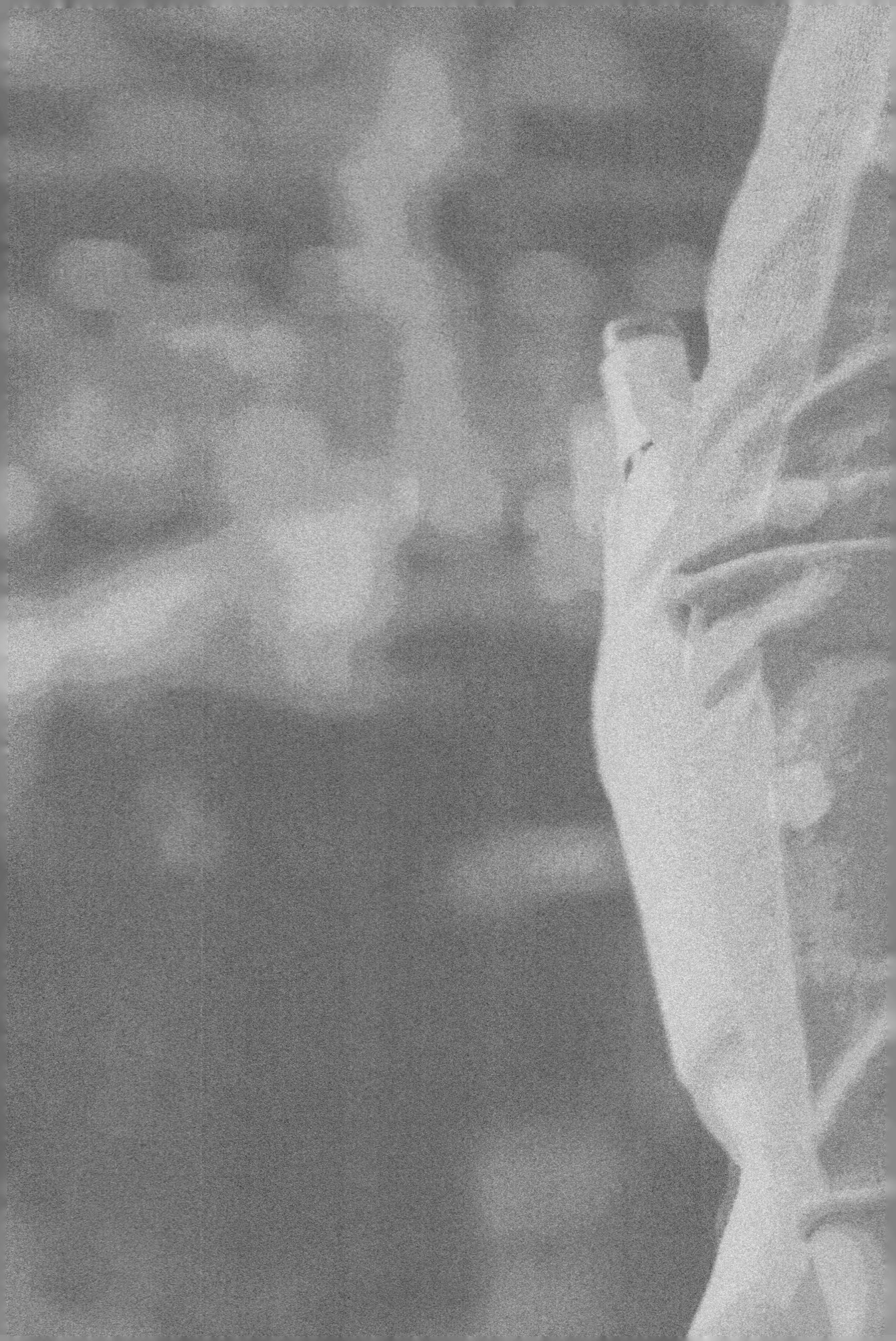

3
A ética e a moral

Conteúdos do capítulo

- Dicotomia *bem e mal*.
- Origem do bem *versus* mal: maniqueísmo.
- Conceito de bem e de mal.
- Bem moral e bem natural.
- Jornada do herói.
- Comportamento ético.
- Deontologia e ética da situação.

Após o estudo deste capítulo, você será capaz de:

1. estabelecer as raízes dos pensamentos que conduzem a sociedade ocidental na distinção entre ações boas e ruins;
2. diferenciar os tipos de "bem" expostos pelas correntes filosóficas concebidas no passado e na atualidade;
3. reconhecer a força do pensamento dicotômico e sua profunda relação com os pensamentos de ética e de moral que determinam os valores da sociedade vigente;
4. avaliar o impacto da dicotomia *bem e mal* na cultura ocidental, propagada de maneira implícita nos veículos de comunicação, passando por uma disseminação massiva nas artes e em seus produtos;
5. reconhecer a ética e a moral como conceitos abrangentes, que podem sofrer alterações de acordo com as necessidades vigentes na realidade social;
6. destacar os principais pensadores da moralidade e da ética e como seus conceitos de bem foram determinantes para a formação artística e social, em especial nos últimos tempos;
7. entender a ética como um valor do qual todos podem usufruir.

Estudar a ética é perceber como funcionam os mecanismos de ação humana em todos os seus sentidos, ou seja, compreender a condição humana e o fluxo de trocas que os seres humanos realizam entre si e os impactos dessas interações. Os conceitos lançados nos capítulos anteriores trazem à luz o desenvolvimento de grandes pensadores a respeito do macropensamento da relação humana com o mundo em que vivemos.

Entendo a mutabilidade dos períodos da história, suas narrativas específicas e as repercussões de seus eventos, surge a necessidade de entender como a condição humana e todos aqueles que estão inseridos na realidade se adaptam de forma harmônica às demandas dos respectivos contextos.

Neste capítulo, introduzimos pontos-chave para a compreensão da ética e da moral com base nas especificidades de cada época, na percepção histórica da dicotomia *bem e mal* e de seu reflexo, por exemplo, nos cenários religioso e artístico, bem como no reconhecimento de sua importância na trajetória humana no ambiente histórico atual.

Conceitos foram criados ao longo dos anos para cristalizar o entendimento de todos os aspectos que envolvem a ética e moral aplicada, fortalecendo as definições que nos ajudam a compreender as situações diárias vivenciadas pelos indivíduos em todos os âmbitos de nossa realidade.

Iniciaremos com a explicação de como a divisão entre bem e mal, até o fim do século XIX estabelecida de maneira metódica, criou os conceitos éticos tais como os conhecemos hoje.

3.1
A dicotomia bem e mal

Ainda que cada ser humano goze de sua individualidade, consolidada por sua trajetória pessoal e familiar, é evidente que todos nós seguimos padrões preestabelecidos de comportamento e autoavaliação.

Vamos pensar em uma criança que sobe na mesa durante um almoço em família. A situação em si, desprovida de qualquer crítica de comportamento determinado por uma conduta correta, não diz respeito a nenhuma ação essencialmente má. A natureza da criança, considerando que esteja na primeira infância, impele-a a despertar os sentidos físicos e a seguir seus impulsos. O ato de subir na mesa de modo espontâneo diz muito menos a respeito de uma ação ruim ou boa, e muito mais da exploração de lugares e da simbolização de um descontentamento, por exemplo. Entretanto, em qualquer cultura ética, em uma sociedade cujos impulsos são controlados por determinações consistentes, a criança será repreendida pelos pais ou responsáveis.

Uma série de critérios éticos inculcados em nossa mente desde o nascimento influenciam a avaliação da subida na mesa como uma ação ruim: a falta de respeito, considerando o ambiente coletivo; a manifestação que não cabe em um parâmetro social; a aleatoriedade da ação.

Tais elementos reguladores de comportamento, ainda que em diferentes níveis, têm como base a crença de que todos fazem parte daquilo que foi estabelecido como conceito de moral em determinado período da história.

Os estudos filosóficos que citamos nos capítulos anteriores defendiam a importância dos conceitos éticos para a regulamentação social que permita a harmonia dos indivíduos e de suas coletividades nos diferentes ambientes ocupados pela humanidade.

Entretanto, para que exista a ética, assim como explicamos no Capítulo 1, precisa existir a moral. Os dois conceitos partem de pressupostos diferentes, que podem, inclusive, soar profundamente distintos. Contudo, já demonstramos que, na verdade, ambos se retroalimentam de seus conceitos e compõem, no fim, a intenção de ordem de um ambiente ou de um grupo de pessoas.

Os comportamentos morais, desde os efetivamente utilizados socialmente até os concebidos em âmbito exclusivamente teórico, são compostos por valores determinados por um ente ou por um grupo social. Cada sociedade resguarda, em si, um grupo que valida atitudes e comportamentos, bem como o lugar e a influência social de cada indivíduo.

Normalmente, para que sejam plena e rapidamente compreendidos, os valores são expostos de maneira simplista. Um dos conceitos utilizados a exposição de determinado valor moral é a **dicotomia**.

O que é?

A dicotomia se refere à oposição de dois conceitos. Estritamente ligada ao maniqueísmo, é o contraponto, a afirmação de que existe o bem e o mal e que ambos estão em lados distintos de uma análise moral.

> Em uma explicação simplista e aplicada aos conceitos de moral e ética: o sujeito precisa cumprir uma série de comportamentos fundamentados em um código ético ou de comportamento moral; é considerado *bom* aquele que consente em cumprir com tais determinações; é taxado como *mal* aquele que se desvia minimamente dessas prescrições.

Na sequência, trataremos do pensamento da Antiguidade que consolidou a visão dicotômica de bem e mal: o maniqueísmo.

3.1.1
Maniqueísmo

Inicialmente, a corrente filosófica criada por Maniqueu no século III, expunha a contraposição entre os conceitos de bem e mal, luz e trevas e alma e corpo, por exemplo. Entretanto, ainda que o pensador tivesse seguidores que defendiam a polarização dos sentidos, sua visão da realidade foi confrontada assim que analisada por figuras clássicas da filosofia, como Santo Agostinho.

A perspectiva da dualidade proposta por Maniqueu pressupunha um caráter violento, em razão da ideia de contraposição imediata dos conceitos. De acordo com o pensador, a vida humana terrena consistia em uma realidade fria e dura; o bem era alcançado pela transcendência a um mundo espiritual. A seguir, apresentamos

Figura 3.1 Maniqueu: fundador do maniqueísmo

Will Amaro

um quadro que especifica, segundo Maniqueu, as definições de *bem* e de *mal*.

Quadro 3.1 Dicotomia aplicada nas definições de bem e de mal

Bem	Mal
Transcendência baseada em um mundo espiritualizado e que foge da condição terrena do homem.	Condição terrena do homem, que aceita e contempla sua condição mundana.

O filósofo entendia que o conhecimento seria o caminho para a luz divina, o caminho humano de ascensão para a divindade, ou seja, para o bem. Quanto mais próximo o indivíduo estivesse de sua condição humana, mais próximo estaria da maldade, por estar diretamente afastado da luz que o conduz para um entendimento mais nobre da existência.

A fundação do maniqueísmo guardava similaridades com o entendimento monárquico e escolástico do mundo. Essas correntes de pensamento levam em conta clarões, posicionamentos religiosos da realidade e dos princípios morais que conduzem o ser humano.

Maniqueu, nascido no sul da Babilônia, desenvolveu sua visão da realidade com base no que ele considerava uma revelação divina. Seu território, o Império Persa, foi utilizado para a disseminação de sua crença, que haveria de suprir todas as ideias propagandas por Cristo, Buda etc. Era um princípio universal que abarcava todos os credos e as ideias humanas de divindade.

Condenado por heresia por Vararanes I, seu castigo foi o esfolamento e a crucificação; sua punição foi denominada *a paixão do iluminado*.

Para saber mais

STAR Wars: uma nova esperança. Direção: George Lucas. EUA: Twentieth Century Fox; Lucasfilm 1977. 121 min.

O primeiro filme da trilogia *Star Wars* original apresentou para o grande público os conceitos dicotômicos em sua narrativa. Com base na mitologia estabelecida pelo enredo da saga de ficção científica e fantasia, somos apresentados ao equivalente moral de determinações éticas na sétima arte: a jornada do herói.

Elementos que fazem parte do cotidiano humano são aplicados na construção dos personagens e do filme como um todo. Por exemplo, as cores que se contrapõem nos duelos físicos (sabres de luz vermelha *versus* azul = cor quente, cor sóbria); as vestes utilizadas (o mal veste a cor preta; o bem veste a cor branca); as características físicas (os vilões são robóticos ou têm deformidades físicas, como olhos fundos e avermelhados; o bem encarnado tem um rosto ingênuo que remete a ações puras); e suas ações (sempre conectadas ao sentimento maniqueísta de que o mal surge quando a raiva – sentimento mundano – toma conta do ser, ao passo que o bem aparece no protagonista da trama, que encarna sentimentos da força – sentimento divino que proporciona poderes).

3.1.2
O bem e o mal na cultura: a criação da jornada do herói

Quando tratamos da contraposição entre o bem e o mal na cultura, pensamos imediatamente em filmes comerciais como o já citado *Star Wars*, de 1977, idealizado, roteirizado e dirigido por George Lucas. A peça audiovisual transferiu ideias dicotômicas em uma plataforma que captava o público pelo seu apelo sentimental e pela ideia de resolução criada ao longo de sua narrativa.

Entretanto, antes mesmo da criação de peças audiovisuais, a jornada do herói, ou mitomania, existia como fenômeno literário e filosófico e como corrente narrativa. Joseph Campbell, em 1949, foi o primeiro a discorrer sobre a mitomania como conceito na obra *O herói de mil faces* (1989).

O que é?

A mitomania pressupõe uma trajetória cíclica, baseada na criação de mitos. A estrutura do conceito passa a ser fundamental para a organização das histórias expostas com base na jornada do herói.

A ideia de monomito exposta por Campbell (1989) é composta por arquétipos, inconsciência humana e estruturas de ritos de passagem. O conceito e seu desenvolvimento com base na jornada do herói serviu como estrutura narrativa em inúmeras manifestações artística no decorrer dos anos e, principalmente, para os grandes estúdios de cinema.

Christopher Vogler, roteirista e executivo dos estúdios Disney, desenvolveu um memorando, intitulado *A Practical Guide to The Hero with a Thousand Faces* (*Um guia prático para o herói de mil faces*), que reforçava a estrutura dos padrões expostos pela jornada do herói que serviram como base para grandes obras cinematográficas da posteridade, como *Matrix* e os filmes da Disney (tanto as animações quanto os filmes em *live action*).

Os estágios da jornada do herói

Joseph Campbell destacou 12 pontos que formam a jornada do herói em sua estrutura. A solidez dessa configuração é fundamental para o desenvolvimento pleno dos personagens com base no monomito. No quadro a seguir, apresentamos essa trajetória:

Figura 3.2 Monomito, ou a jornada do herói

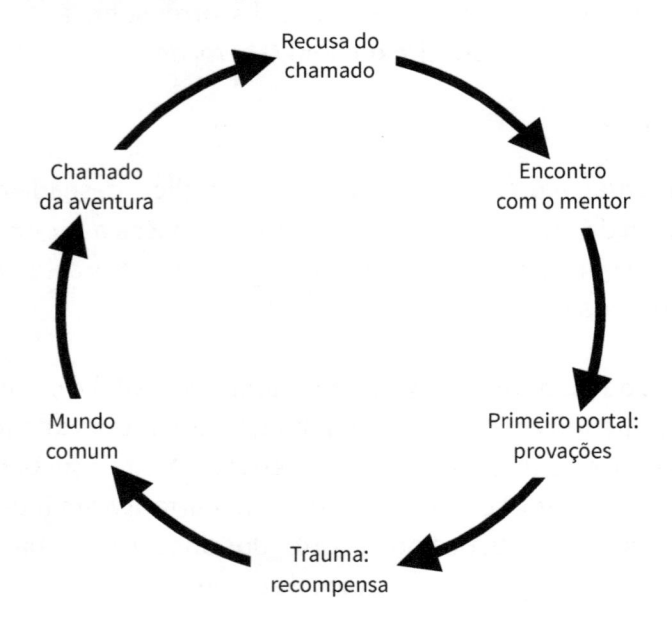

```
        Recusa do chamado
             ↓
Chamado              Encontro
da aventura          com o mentor
    ↑                    ↓
Mundo              Primeiro portal:
comum                 provações
    ↑                    ↓
          Trauma:
         recompensa
```

Fonte: Elaborado com base em Campbell, 1989.

Vejamos cada um desses itens em maiores detalhes (Campbell, 1989):

- **Mundo comum**: o mundo cotidiano do protagonista que fundamenta a história antes de ela se desenvolver.

- **Chamado da aventura**: um desafio que se apresenta para o protagonista. Normalmente envolto em aventura que deve tirar o personagem da paralisia em que se encontra.
- **Recusa ao chamado da aventura**: inicialmente, o herói não deve aceitar o desafio, revelando o medo da quebra de sua estrutura de vida.
- **Encontro com o mentor**: classicamente, surge na história a figura de um mentor, que se apresenta para que o herói seja convencido de que deve aceitar a aventura por uma causa nobre.
- **Primeiro portal – provações**: a fase de transição do mundo anterior do herói para um novo mundo ou um mundo mágico.
- **Trauma**: o protagonista enfrenta um problema que, normalmente, põe em risco sua vida ou a de alguém por quem tem profunda estima.
- **Retorno com a recompensa**: a recompensa agora serve a uma causa nobre de ajudar os que habitam na sua realidade comum.

Esse caminho diz respeito ao arquétipo da trajetória do herói, que participa de uma demanda que, em inúmeras histórias, tem pontos de convergência, estágios que se fazem presentes em narrativas dessa natureza.

O que é?

Arquétipo: em linhas gerais, é um molde que vem a padronizar algo; protótipo de algo. No que se refere aos nossos estudos a respeito da jornada do herói, temos o arquétipo do personagem cujos eventos são padronizados em sua trajetória.

Além dos elementos já citados, há outros pontos que enriquecem a demanda do protagonista em seus desafios. Vejamos alguns deles (Campbell, 1989):

- **Aproximação**: o protagonista desenvolve com êxito sua trajetória, acumulando pequenas vitórias ao longo da história.
- **Elixir**: depois de enfrentar a morte e/ou fazer um sacrifício que o recompôs diante dos percalços enfrentados, existe a recompensa por sua luta heroica.
- **Retorno**: o herói volta para o mundo ordinário de onde surgiu.
- **Ressurreição**: depois de todas as lições apreendidas ao longo da jornada, o protagonista volta a enfrentar a morte ou uma situação de grande trauma. A intenção narrativa é de que exista a prática de todo o conhecimento que é acumulado na trajetória.

Considerando a jornada do herói e sua estrutura bem definida e propagada ao longo dos anos na cultura e nas artes, podemos empreender a reflexão apresentada a seguir.

Exercício resolvido

Tendo em vista que a jornada do herói é um padrão para muitos filmes comerciais das últimas décadas, qual é a relação desse fundamento arquetípico com o pensamento dos estudiosos que expusemos neste capítulo?

a) A jornada do herói representa uma visão irretocável sobre os padrões de justiça que o Estado objetiva para todos os seus entes e habitantes.

b) A jornada do herói concentra todos os grupos que formam uma base social culturalmente enriquecida, abstendo-se de qualquer recorte privilegiado quanto ao que deve ser mostrado em tela.

c) A jornada do herói não precisa ser levada em consideração quando avaliamos a sociedade, por fazer parte de um tema dissociável da vida das pessoas em sua aplicabilidade.

d) A jornada do herói representa um recorte fundamentado em uma visão profundamente ocidental e, prioritariamente, eurocêntrica, revelando a ideia cristã de "bem e mal" como dicotomia bem definida.

Gabarito: d

A resposta à atividade em questão tem a seguinte motivação: ainda que não soe como um tema relevante para as discussões éticas e morais sobre bem e mal, a cultura e as produções artísticas, especialmente as de grande alcance de público, pressupõem a preocupação do *establishment* em relação ao que está sendo discutido ou aos temas que estão sob a mira das instituições.

Nesse contexto, a jornada do herói revela um recorte da realidade que os detentores do poderio econômico, cultural e governamental tinham da sociedade branca e cristã. As características elencadas na estrutura da mitomania de Campbell (1989) reforçam a ideia de falta de representatividade negra e de um protagonismo da ideia cristã neopentecostal de bem e mal, expondo ideias ligadas diretamente ao que Maniqueu havia consolidado em seus pensamentos na Pérsia.

O conceito de "bem", como o conhecemos, está ligado diretamente às correntes filosóficas. Entender o bem como alvo permanente de nossa existência e condição humana não vem de uma fonte transcendental. Essa percepção foi formada por critérios humanos que definiram os conceitos de certo e de errado, objetivando uma padronização de comportamentos que visassem ao bem-estar em comum das pessoas.

Da mesma maneira, o conceito de bem cria uma conexão com os sentimentos humanos de aprovação e de pertencimento. A contemplação do saber ético, no qual o bem se insere, promove no indivíduo que se empenha nessa trajetória o sentimento de que está atingindo a totalidade de sua missão como ser social.

Não há consenso, no universo dos estudos filosóficos, de que exista o bem como uma natureza humana intrínseca. Tal dilema criou embates entre filósofos como Rousseau e Voltaire.

Um dos conceitos criados a respeito do bem foi o de *bem comum*, que está, por definição, subordinado aos conceitos políticos, éticos e morais de dada sociedade. Além desse conceito, há outros dois que se relacionam ao fundamento maior de bem: o bem individual e o bem público. Essas definições participam de uma mesma essência: a associação ao que é moralmente correto.

Figura 3.3 Disposição dos conceitos de "bem"

Bem comum	Bem individual	Bem público
Bem existente entre indivíduos componentes de uma mesma coletividade.	Bem diretamente ligado à liberdade individual.	Bem calcado na união entre os entes participantes do Estado.

É importante destacar que, apesar de haver uma correlação entre "bem comum" e "bem individual", o primeiro não se refere ao simples acúmulo de bens individuais, ainda que os dois conceitos não se contraponham.

No seio de nossa discussão, é importante retomar um conceito caro a Jean-Jacques Rousseau quando discorreu sobre as repercussões do processo civilizatório no homem moderno: o bem natural. O mundo, em sua natureza crua e perversa, teria mais ligação com a corrupção do homem do que qualquer outro aspecto pessoal ou que não fosse parte da ideia de sociedade. De acordo com o pensador francês, o homem nasceu ilibado, sem maldade. Portanto, existe em essência um bem natural do qual o homem faz parte. Assim, o contato do ser humano, em toda sua integridade moral e natural, com a corrupção dos aspectos mundanos da existência vinha da interação com o mundo e a sociedade.

Na obra *O contrato social* (1762), Rousseau discorre sobre a complexidade do conceito que pode soar demasiadamente simplista ao afirmar o homem como um ser naturalmente bom. Segundo o filósofo, o homem precisa de uma organização social que preze pela justiça e preserve seu bem de maior valia: a liberdade. Sem ela, o indivíduo passa por um processo de retração de suas potências e, consequentemente, a maldade (e os sentimentos relacionados a ela) se instala.

Os pensamentos de Rousseau não deram origem a uma corrente filosófica como as de Aristóteles e de Platão, mas contribuíram significativamente para a consolidação de movimentos sociais e políticos como a Revolução Francesa.

A ideia de "bondade natural" foi motivo de questionamento e repulsa de grandes intelectuais contemporâneos de

Rousseau, pois havia críticas ao Iluminismo pelo excesso de poder destinado aos pensamentos conduzidos pela razão e pelos métodos científicos.

Com base no questionamento dos filósofos detratores de Rousseau à sua época, vejamos o exercício prático apresentado a seguir.

Exercício resolvido

O pensamento de Rousseau suscita diversas problemáticas e propõe resoluções para questões contemporâneas. Sua influência é clara no pensamento da classe conservadora, por exemplo, ao entender que a índole é um fio condutor moral e que movimenta o ser humano a qualquer façanha ou ação que venha a romper com os padrões de moralidade.

Considerando o entendimento do filósofo de que a sociedade corrompe a pessoa que tem o bem como valor supremo, podemos inferir que uma pessoa que mora em situação vulnerável em uma comunidade carente (repleta de violência) pode ter sua situação questionada com base na compreensão de bem natural pelo seguinte fator:

a) O bem natural de Rousseau pode endossar o pensamento de que a situação de vulnerabilidade conduz o indivíduo a uma ação (ou um conjunto de ações) que o coloca como agente de crimes, ressaltando a importância de projetos sociais que beneficiem pessoas em tal situação.

b) O bem natural de Rousseau deve ser entendido para comprovar que a realização de crimes pressupõe uma escolha do indivíduo de se desvirtuar de sua natureza de bondade e adotar um *modus operandi* que o conduz a atos incorretos.

c) O bem natural de Rousseau não pode ser interpretado nos dias atuais por ser tratar de uma visão datada da realidade vivida pelo pensador francês.

d) O bem natural de Rousseau foi concebido para depor contra todos os que abdicam de sua natureza sagrada em prol de ações mundanas específicas.

Gabarito: a

A resposta à questão justifica-se na ética, que, apesar de ser composta por uma série de problemáticas um tanto incompatíveis com a contemporaneidade, vem passando por constantes transformações para se adaptar ao estado de coisas atual.

Quanto à vulnerabilidade social, tema explorado na atividade, prevalece na atualidade uma visão conservadora referente ao conceito de meritocracia, muitas vezes utilizado para condenar indivíduos que cometem atos criminosos, ainda que estes o tenham feito por desespero. Nesse sentido, o bem natural de Rousseau possibilita uma compreensão conservadora de que uma pessoa que comete um crime sempre o faz com base em sua índole.

Entretanto, uma discussão que vem se fortalecendo nos últimos anos no campo das políticas sociais tem sido demonstrar que o contexto em que estamos inseridos pode corromper todos, o que não significa que as pessoas estejam predispostas a cometer crimes por uma característica física, psicológica ou social, mas pela falta de oportunidades e pela vivência de uma realidade aterradora.

Exemplificando

Podemos entender a colocação de Rousseau sobre a estereotipia do mal citando o exemplo do "crime do colarinho branco". A expressão foi criada para dissociar os crimes corporativos dos crimes violentos, por vezes cometidos por parcelas estigmatizadas da população. Podemos perceber o modo como os agentes corruptos que cometem os crimes de colarinho branco se comportam: discurso formal e moralista. Ainda que essas contravenções não sejam violentas no sentido físico do termo, elas pressupõem uma violência contra todos aqueles prejudicados por crimes financeiros. Ainda assim, os agentes dessas ações não são tão malvistos como aqueles que cometem latrocínios, por exemplo, principalmente se os criminosos, nesses casos, sejam de extratos sociais menos privilegiados.

Mais um exemplo: o caso da morte do menino Miguel Otávio Santana da Silva, ocorrido em 2020, quando caiu do prédio em que sua mãe trabalhava como empregada doméstica de uma família de políticos do Recife. A mãe do menino, Mirtes Renata Souza, que, no momento da tragédia, passeava com os cachorros da patroa, expôs: "Se fosse eu, meu rosto estaria estampado, como já vi vários casos na TV. Meu nome estaria estampado e meu rosto estaria em todas as mídias" (Rocha, 2020).

Mirtes Renata Souza é uma mulher preta, que trabalhava como empregada doméstica em uma residência de luxo do Recife. Portanto, faz parte de uma classe estereotipada socialmente; já sua patroa, uma mulher branca, esposa de um político, ao ser entrevistada pelo programa da Rede

Globo *Fantástico*, adotou uma postura polida e em sua fala no momento em que era questionada por seu locutor.

Ressaltamos que não objetivamos julgar ou validar nenhuma das duas posturas – nem a de Mirtes, que afirmou ser injusta a condução dada à morte de seu filho e às possíveis repercussões midiáticas do evento, nem de sua antiga empregadora, que escolheu falar a um programa sob orientação jurídica, apresentando um comportamento socialmente exemplar. Apenas queremos evidenciar a teoria de Rousseau quanto às forças limitadoras promovidas pelo pensamento ético.

Tendo em vista a complexidade desses conceitos, podemos nos perguntar: E quanto ao mal? Conceitos moralmente negativos foram definidos como o mal ao longo do desenvolvimento das correntes filosóficas. Algumas delas buscam esclarecer a origem do mal ora por meio do pensamento lógico, ora pela via do pensamento religioso. Rousseau, por exemplo, tomava a bondade como componente da natureza humana e considerava a maldade como uma aberração consequente do mundanismo. Em uma perspectiva religiosa, por outro lado, sucumbir à maldade corresponde a ignorar o divino e abraçar a ideia terrena da existência humana longe de Deus. Alguns estudiosos da época entendiam que a maldade era a negação do conhecimento que era a fonte, não obstante o acesso humano à face divina. O Iluminismo afirmava o oposto: a estrutura social estabelecida pelos homens com base em tirania e na profunda opressão desenvolvia a natureza da maldade entre os seres humanos. Podemos entender a estrutura cristã como uma estrutura que definiu a maldade e a bondade conforme seus preceitos expostos na Antiguidade. O não desejado – as ações ruins, não voltadas à nobreza – era tido como pecado, e as ações aproximadas do altruísmo e da "verdade" eram ações associadas ao "bem".

Dessa forma, podemos pensar no fim da dicotomia entre bem e mal? É difícil conceber o fim de uma oposição multimilenar como essa, que gerou tantas consequências para a existência humana. Entretanto, podemos afirmar que a trajetória que leva a esse fim perpassa um caminho de atualização das correntes filosóficas que foram expostas por Zygmunt Bauman em seus estudos sobre a modernidade líquida. Entendendo a fixação do conceito da liquidez das relações e de todos os ideais modernos, notamos uma quebra de conceitos fundamentados no radicalismo da oposição plena e profunda entre dois polos.

Nesse contexto, a cultura tem um papel fundamental. Da mesma maneira que *Star Wars* fixou na cultura os conceitos dicotômicos de bem *versus* mal dos arquétipos de seus personagens, em 2017, com *Os últimos Jedi*, oitavo capítulo da saga, revelou a quebra de conceitos tão bem definidos dos polos distintos da natureza humana.

Os arquétipos são confundidos no decorrer do filme, e a difícil distinção entre bem e mal na produção nada mais é que o resultado de uma discussão que já vem se estendendo nas últimas décadas. A demarcação e a caracterização de faces do bem e do mal se tornaram comuns no passado e faziam parte de um processo político que visava reforçar a supremacia americana no contexto global, como podemos ver em alguns filmes de grande apelo do público no auge da Guerra Fria.

Rocky IV, dirigido por Sylvester Stallone e lançado em 1985, retrata o auge de uma disputa política silenciosa – que abarcava os esportes e a cultura – entre os Estados Unidos e a então União Soviética.

> Não há documentos disponíveis, ainda, que comprovem que o filme fora encomendado pelo presidente dos Estados Unidos. Mas é inegável que a nova luta de Rocky Balboa é a luta da América. E a sua vitória frente ao capitão Drago, se não é um prenúncio, é uma injeção de ânimo para um povo que também está passando por um processo de esgotamento econômico, que fica muito visível em 1987. (Domingos, 2012, p. 8)

Os estudos realizados sobre o filme *Rocky IV* e seu impacto na cultura revelam a intensidade da polarização e o modo como ela afetou os métodos de estruturação tanto cultural quanto política da sociedade. A categorização de uma coletividade como ruim e de outra como genuinamente boa expõe uma visão radicalizada e simplista sobre uma modernidade que já não comportava uma segregação, ainda que velada, de um mundo que avançava para uma profunda globalização. Nesse sentido, podemos perceber uma diluição da dicotomia *bem e mal*, substituída por uma maior fluidez na distinção desses conceitos. O acesso à informação promoveu essa abertura ao possibilitar uma maior emancipação de vários segmentos da sociedade. O ponto positivo dessa diluição dos valores é que ela também refletiu, a longo prazo, a relativização de vários limites e fronteiras que são revistos até hoje. Isso inclui as discussões de natureza ética – ela pode mudar dependendo dos indivíduos, de seus contextos e da situação em que estão inseridos.

3.2
Ética da situação

O conceito de ética da situação passa a ser uma ramificação da tendência anteriormente explicitada de questionamento social em relação a fundamentos predeterminados. Vale ressaltar que essa postura diante da realidade não é exclusivamente ancorada em princípios morais. Nesse caso, a avaliação do que é certo e errado é consideravelmente mais complexa.

Em nossos estudos sobre a ética, ressaltamos a importância de entender esse conceito como um princípio (ou um conjunto de princípios) que permeia um ambiente. Explicamos que conceitos éticos foram criados para atender à necessidade humana de nortear suas ações e interações para que sejam as melhores possíveis. De acordo com pensadores como Platão e Aristóteles, a natureza humana é condicionada por trocas, dinâmica que demanda a criação de modos pelos quais essas interações serão realizadas.

Também demonstramos que o pensamento das correntes filosóficas modernas considerava um fator antes ignorado pelos primeiros estudiosos da ética: a especificidade de cada grupo e como esse fator reconfigura as coletividades com o passar dos tempos.

Podemos entender a *ética da situação* como uma extrapolação da ética com base nesses elementos, ou seja, que leva em consideração não só o modo como determinado ato pode ser ético em âmbito universal, mas também as especificidades de cada indivíduo e o contexto em que ele se encontra imerso.

Considerando tal percepção, analisemos o caso proposto a seguir.

Exercício resolvido

Muitas leis que regem as nações foram criadas em diferentes contextos e em períodos há muito ultrapassados. Em nosso conjunto de leis, por exemplo, há diplomas legais ainda vigentes que foram concebidos na década de 1940.

Ainda que sejam de grande valia, leis e fórmulas de comportamento dessa natureza levavam em consideração um contexto histórico em que não eram ponderadas a riqueza de cenários e as especificidades de nossa atualidade.

Entendendo a gênese da criação das normas que regem os poderes e os governos atuais, a ética da situação:

a) leva em conta que as leis foram criadas visando a um bem maior e são atemporais; portanto sua aplicação deve ser rígida em qualquer situação.
b) entende que toda lei passa por uma interpretação precária e mutável, o que não significa que esse repertório deve ser modificado ao sabor das circunstâncias, mas sim que toda ação deve ser analisada conforme a situação e o contexto em que está inserida.
c) consiste na visão de que toda lei há de ser modificada na medida em que ela existe e o tempo passa. A sociedade não pode ser refém de leis criadas por um tempo que não diz respeito ao que vigora nos dias atuais.
d) aplica-se meramente no campo teórico, nas prospecções do porvir. Elas podem ser desenvolvidas e aplicadas futuramente em instituições de ensino, mas nunca na prática judicial, por exemplo.

Gabarito: b

A resposta correta se justifica porque não cabe, no entendimento da ética da situação, a mudança das leis que estão determinadas judicialmente, por exemplo. Faz-se necessária a interpretação dos diplomas legais diante da cada situação posta de acordo com o "espírito do tempo" da ação.

Considerando que muitas leis já criadas e vários comportamentos tidos como morais privilegiavam grupos elitistas e excluíam os demais grupos, mais do que nunca a ética da situação se torna aplicável para que a ética como um todo não seja um conceito enrijecido, mas sim norteador.

Além de analisar a essência das leis e das determinações inseridas em períodos distintos, a ética da situação serve para contemplar o objetivo inicial formalizado pela ética: o bem-estar disposto para todos. Por isso, passa pela compreensão da natureza humana e do conceito de situação-limite. Arthur Schopenhauer, filósofo alemão do século XIX, afirmava que a indiferença era um caminho que o homem devia buscar para sua total fidelidade aos limites estabelecidos pela moralidade e pela ética.

Figura 3.4 Arthur Schopenhauer

André Muller

Ao seguir pela trajetória da indiferença, a avaliação poderia ser pautada estritamente em regimentos e leis estabelecidas em códigos de ética ou em normas determinadas por uma hierarquia sem razão de ser. Os contemporâneos do pensador pessimista, no entanto, não seguiram tal linha de pensamento, pois a indiferença é um sentimento que entra em conflito com as situações-limite, que fazem parte da composição de qualquer vida humana. O ser humano passa invariavelmente por situações em que seus sentimentos são desafiados, em que a racionalidade baseada em critérios rígidos não trará uma solução adequada.

O que é?

Situação-limite: o conceito foi criado por Karl Jaspers (1965), que cunhou o termo para exemplificar os eventos em que a indiferença não caberia como uma reação possível no espectro de sentimentos humanos.

O nascimento de um filho, a morte de um ente querido, uma declaração amorosa, por exemplo, são eventos que dialogam de maneira pungente com a natureza humana. A exposição sem critérios de avaliação prévia a esses fenômenos associada à espontaneidade compõe uma situação-limite.

Tendo como base o que vimos até este ponto, podemos afirmar que a ética da situação é o entendimento da condição humana natural que cabe a qualquer existência diante dos acontecimentos. Nesse contexto, levada aos campos filosófico e moral, a ética deve ser considerada um elemento fluido, e sua aplicabilidade é condicionada pelo ambiente e pelas diferentes possibilidades de interação entre os indivíduos. Nesse caso, determinações imutáveis compõem os principais confrontos dessa perspectiva ética, pois toda ação, ou o conjunto delas, traz consigo um "espírito" a ser avaliado.

3.2.1
O comportamento ético

Entendendo a aplicação da ética nos ambientes e sua atribuição deontológica na realidade, o comportamento ético é um dos pilares que fundamentam a criação de um código que estabelece a moral em determinado contexto, seja ele amplo ou não. Nesse caso, a consciência moral, estabelecida por conceitos religiosos ou sociais, precisa estar em consonância com os limites dados pela deontologia proposta por determinada sociedade.

Um comportamento ético é composto por elementos relativamente padronizados, hierarquizados e aplicados com base na instituição do bem-estar social. São eles:

- **Pessoalidade no comportamento**: apesar de se tratar de um bem coletivo, o entendimento ético começa a ser construído quando um ente exerce um comportamento embasado em preceitos morais.
- **Reflexo no ambiente**: o comportamento ético não precisa ser divulgado, pois suas consequências são naturais e perceptíveis no ambiente em que é instituído.
- **Escolha ética**: o comportamento ético precisa ser uma escolha diária, que beneficie em uníssono os que fazem parte do ambiente.

As pontuações apresentadas dizem respeito a um mecanismo proposto por Jeremy Bentham (1843) no desenvolvimento de seus pensamentos a respeito da deontologia. Conhecer os preceitos dos fatores elencados serve de orientação em relação ao comportamento ético e à visão que temos de sua aplicabilidade em situações cotidianas.

No que tange à deontologia e à ética da situação, podemos perceber que a última está intimamente ligada à ação da ética em relação a moldes preestabelecidos pelas leis ao longo dos anos. O recorte formalizado pela situação pressupõe uma premissa de estudo sobre o evento em si, consequentemente, sobre o método de aplicabilidade de tal estudo.

Considerando tal premissa, a deontologia, em sua aplicabilidade ética, demanda a fixação do campo teórico de preceitos que norteiam qualquer profissional durante o exercício de suas atribuições.

A diferenciação entre ética e deontologia é sutil e varia nos diferentes períodos da história. A distinção depende das características de cada ambiente, cultura, mazelas sociais, problemas individuais etc.

Para materializar as diferentes instâncias de que tratamos até aqui, apresentamos a Figura 3.5, a seguir.

Figura 3.5 Âmbitos da ética, da moral e da deontologia

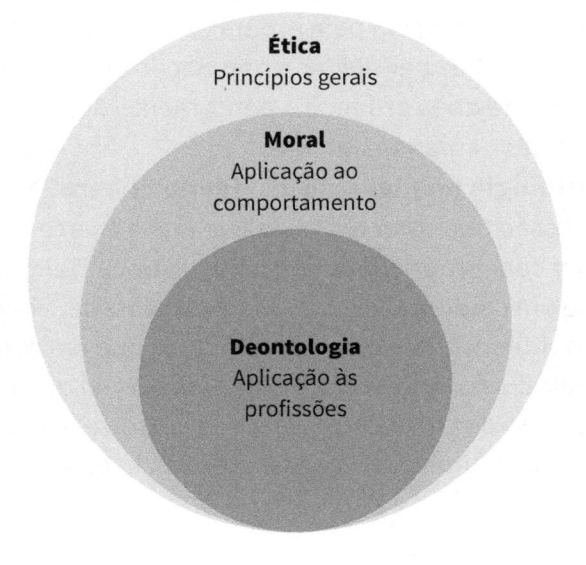

Ética
Princípios gerais

Moral
Aplicação ao comportamento

Deontologia
Aplicação às profissões

Entretanto, o conceito de deontologia abrange a "orientação para a determinação da vontade do sujeito" (Bentham, 1843 p. 27), ou seja, a deontologia seria a ramificação ética que tanto abarca os ideais de um grupo profissional (ética em sua definição) quanto os limites que visam ao bem-estar individual, nesse caso, do sujeito como representante da sociedade.

Novamente, a deontologia determina padrões de entendimento relacionados à ética da situação. Com base nos estudos de Bentham (1843), podemos verificar os preceitos filosóficos da deontologia, que consiste em três trajetórias éticas, como demonstrado a seguir.

Exemplificando

- **Deontologia no plano filosófico**: ações que se impõem por dever cívico e compromisso com as leis do país. Aqui, a ética e a deontologia estão separadas. O sujeito que exerce sua atividade de trabalho é submisso aos limites políticos que prezam pela ordem estatal, que não necessariamente traz bem-estar à população de forma direta; nesse contexto, a ordem é o pensamento dominante diante das demandas sociais.
- **Deontologia no plano da atividade "liberal"**: a profissão que caracteriza aquele que a exerce como um ser com propriedade para que distinga. Tal visão segue um caminho relacionado à escolástica. Vimos, no Capítulo 1, o exemplo hipotético de que era comum que famílias confiassem em um profissional que seguia um código de conduta pessoal que se norteava por princípios moralistas e conservadores, entendendo-o,

por sua criação baseada em valores cristãos, como critério que o permitia agir por sua consciência e capacidade. Podemos compreender tal concepção como um poder similar ao monárquico, de autoavaliação e validação diante de seus conceitos de bem e mal.
- **Deontologia como atividade pragmática**: temos uma visão pragmática do exercício ético. Guy Durand (2003), em seus estudos, encarava o sentido como um confronto ao que viria a ser estabelecido posteriormente como a ética da situação. Passou a ser uma aplicação corporativa dos conceitos de deontologia.

Todo trabalho pressupõe um conjunto de normas que estabelece critérios de ordem e bem-estar no ambiente. Esse repertório, homogeneizador por natureza, desconsidera as peculiaridades de situações extraordinárias que geram dúvida ou conflito. No entanto, essa postura diante das dinâmicas da realidade não pode ser aplicada a toda e qualquer situação.

Por exemplo, um médico, quando se vê diante de um problema de saúde, não pode considerar apenas a mazela física que pretende tratar – cuidar de um corpo constitui cuidar daquele indivíduo que habita a matéria. Os aspectos emocionais e psicológicos podem e devem ser considerados no exercício da medicina, tendo em vista que essa profissão conta com um rígido código deontológico, que, como explicamos anteriormente, refere-se a um conjunto de prescrições que regulam os princípios éticos necessários ao bom exercício de qualquer profissão, o que contribui para a excelência das atividades laborais (Mattar, 2010).

O profissional ético precisa contrabalancear estas duas dimensões: a humana, em sua individualidade, e a deontológica, na sua busca pelo exercício da profissão de acordo com os valores mais elevados.

Finalizamos este capítulo demonstrando que as demandas modernas expostas no Capítulo 2 acabam por atingir todos os conceitos morais correntes que influenciam os fenômenos sociais e são analisados pelos pensadores da atualidade.

Convém recuperarmos o entendimento de Jeremy Bentham (1843) em relação aos conceitos deontológicos: para o pensador inglês, a aplicabilidade da ética não necessariamente passa por determinações absolutamente coerentes e corretas, mas por leis estabelecidas que refletem as vontades do tempo vigente. Vejamos um exemplo desse raciocínio a seguir.

Exemplificando

Você sabia que existiram leis no Brasil que coibiam certos tipos de reunião tanto de escravos quanto de homens livres? De acordo com Santos (2010, p. 4),

> O artigo 113 [do Código Criminal do Império do Brasil], que enquadra o crime de insurreição, parece ter um cunho escravocrata, pois indica que no momento em que se reunissem vinte ou mais escravos para haverem por meio da força sua liberdade, aos cabeças destinava-se a sorte do grau máximo: a forca. E houve a necessidade de no artigo posterior explicitar que teriam a mesma penalidade, a de morte, quando os líderes do levante fossem pessoas livres.

O trecho demonstra como o artigo da citada lei apresenta determinações que hoje são consideradas eticamente intoleráveis aos olhos do nosso tempo. Entretanto, por mais execrável que seu conteúdo se mostre, o texto em questão foi elaborado no espírito de um tempo específico, com outras visões de ordem ética e moral. Todo e qualquer fenômeno social precisa ser analisado sobre esse olhar dialético.

No entanto, não podemos ignorar o fato de que os conceitos podem e devem ser repensados e que a compreensão entre aqueles que compõem o quadro social deve aperfeiçoar-se constantemente. Esse é o verdadeiro sentido da ética aplicada ao bem-estar de toda a sociedade.

Síntese

- Os conceitos de bem e mal são construções criadas por preceitos fundamentados em correntes filosóficas extremamente antigas. Essas definições têm consequências diretas no exercício ético e no entendimento de moralidade.
- As culturas e suas manifestações artísticas representaram a polarização promovida pela visão dicotômica criada por Maniqueu há muitos séculos.
- A modernidade líquida trouxe consigo um debate sobre a visão dicotômica e, consequentemente, os conceitos de bem e mal determinados pelos pensadores das correntes filosóficas da Antiguidade.
- O bem moral e o bem natural necessitam de um entendimento interpretativo embasado no comportamento humano e em como o indivíduo exerce sua liberdade. Esses dois conceitos são influenciados pelos inúmeros

questionamentos sobre bem e mal, encarados como de naturezas intrinsecamente humanas.
- A ética da situação promove uma discussão sobre as leis como objetos imutáveis e inatingíveis em relação às necessidades da sociedade e da natureza inerente do ser humano de sentir.
- Os conceitos de bem e de mal são reguladores necessários para o exercício da moral, da ética e do bem-estar social, mas devem ser entendidos como fenômenos sociais mutáveis.
- A modernidade líquida estabeleceu debates profundos que colocaram em xeque leis e regulamentações que promoviam a exclusão de determinadas classes sociais, abrindo caminhos para uma integração ampla de segmentos sociais desprivilegiados.

Estudo de caso

Texto introdutório

O presente caso aborda uma situação de questão de gênero, tema muito discutido em muitos segmentos da sociedade contemporânea. Esse estudo tem a pretensão de demonstrar como novos entendimentos de identidade e de sociedade são determinantes para a condução dos questionamentos sobre a questão identitária da humanidade atual.

Texto do caso

João tem 16 anos e estuda em uma escola cristã do interior de Pernambuco. Ele se identifica com o gênero masculino, apesar de biologicamente ter um corpo feminino. Seus pais o apoiam em sua transição de gênero, de identidade e de corpo com o qual se identifica.

O adolescente foi matriculado na escola em questão por ter pretensões acadêmicas de alto nível; a escola é a melhor da sua região, em especial para sua futura profissão. Entretanto, a nova diretora, reforçando os princípios cristãos desenvolvidos pela instituição, decidiu comentar com os pais do menino sobre o desconforto da escola de ter a imagem de João associado a ela, tendo em vista que não faz parte dos preceitos e entendimentos da fé cristã a ideologia de gênero.

O jovem e seus pais se sentiram constrangidos, indicando que a conversa, realizada em um ambiente de acesso comum para os outros pais e alunos, desrespeitava a honra do rapaz; assim, seus pais afirmaram que iriam acionar a Justiça para que o assunto fosse resolvido.

Além da questão jurídica, o que podemos entender com tal situação? Como o evento em questão se relaciona com os preceitos filosóficos defendidos por Simone de Beauvoir estudados neste capítulo?

Resolução

É possível perceber que o assunto em pauta ultrapassa os limites filosóficos e éticos, pois entra em um campo delicado, relacionado ao âmbito jurídico, já que, de acordo com a situação relatada, os ofendidos alegam que irão apelar para trâmites legais para resolver o prejuízo de que afirmam ser vítimas.

Contudo, considerando os conceitos éticos e filosóficos estudados neste capítulo, podemos propor a seguinte resolução, em se tratando de um caso que também atinge a área de construção social, ética e filosófica:

- O entendimento proposto por Beauvoir (2008, p. 9) de que "ninguém nasce mulher, torna-se mulher" pode ser aplicado nesse caso como um elemento de debate. A diretora da escola – ainda que cristã – pode ser convidada a avaliar novas linhas de pensamento para que a fé não seja empecilho para a educação de quem quer estudar em sua escola, independentemente de seu gênero.
- Segundo a filósofa francesa, "nenhum destino biológico, psíquico, econômico define a forma que a fêmea humana assume o seio da sociedade" (Beauvoir, 2008, p. 9). Portanto, de acordo com suas reflexões, o fato de uma pessoa ter nascido com um corpo masculino não determina que ela é obrigada a desenvolver uma identidade de gênero masculina e vice-versa.
- O "tornar-se mulher" abrange a quebra dos preceitos de aprisionamento a um corpo, a uma identidade; porém a mulher pode não se sentir ser pertencente a um rótulo específico, criado por humanos e, portanto, falho, mutável, exposto a questionamentos e desconstrução.
- A abertura ética proposta pelo Papa Francisco para temas progressistas pode contribuir para o alargamento da visão de cristãos fundamentalistas, de modo a desconstruir ambientes que estimulam, mesmo que indiretamente, a discriminação.

Dica 1

Leia *O segundo sexo*, obra publicada em 1949 por Simone de Beauvoir. Esse livro foi e continua sendo um dos grandes guias modernos dos movimentos feministas por ter um viés revolucionário e independente do ponto de vista de seus predecessores. A autora baseou suas reflexões nas fundamentações existencialistas, que prezavam pela liberdade humana ante qualquer corrente ideológica ou doutrinária, expondo a gênese de suas ideias relacionadas à igualdade de gênero e à sua luta pela liberdade da mulher e pela equidade dos direitos da coletividade feminina em relação aos privilégios masculinos de sua época. Caso queira aprofundar ainda mais suas leituras, leia o seguinte artigo:

CANDIANI, H. R. O que pode ser criticado nas críticas a *O segundo sexo*. **Cadernos Pagu**, n. 56, 2019. Disponível em: <https://www.scielo.br/pdf/cpa/n56/1809-4449-cpa-56-e195601.pdf>. Acesso em: 5 abr. 2021.

Dica 2

Leia a matéria da *Gazeta do Povo* apresentada a seguir. Ela trata da evolução e aplicação prática do conceito de identidade de gênero em países que começam a criar uma maior abertura para a integração de pautas identitárias.

CALIFÓRNIA vai abrigar presidiários transgêneros por identidade de gênero. **Gazeta do Povo**, 28 set. 2020. Ideias. Disponível em: <https://www.gazetadopovo.com.br/ideias/california-vai-abrigar-presidiarios-transgeneros-por-identidade-de-genero/>. Acesso em: 5 abr. 2021.

Dica 3

Leia o artigo indicado a seguir. Ele pode ser importante para o entendimento didático de questões que, por muito tempo, foram excluídas das pautas das correntes filosóficas e das discussões éticas.

ANJOS, G. dos. Identidade sexual e identidade de gênero: subversões e permanências. **Sociologias**, ano 2, n. 4, p. 274-305, jul./dez. 2000. Disponível em: <https://www.scielo.br/pdf/soc/n4/socn4a11.pdf>. Acesso em: 5 abr. 2021.

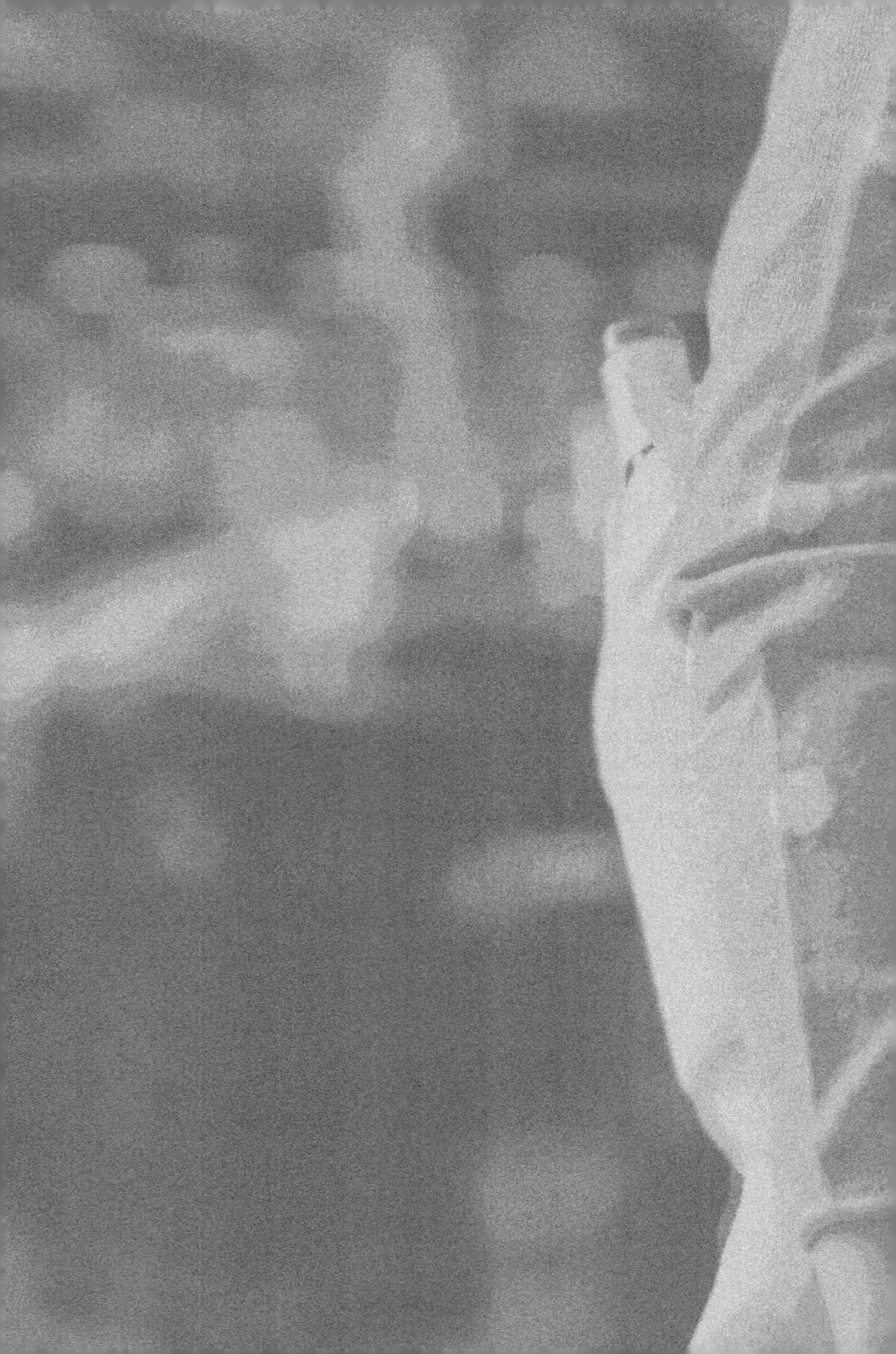

4

A ética nos meios de comunicação social

Conteúdos do capítulo

- *Mass media* ou meios de comunicação social.
- Comunicação social e os interesses.
- Princípios éticos.
- Desafios atuais da ética na comunicação social.
- A ética na propaganda.
- Propaganda e responsabilidade social.

Após o estudo deste capítulo, você será capaz de:

1. identificar as problemáticas trazidas pelos meios de comunicação social e como a ética trabalha em prol da resolução desses embates;
2. indicar os meios de comunicação social que têm maior impacto social;
3. demonstrar como os interesses econômicos servem como elemento desafiador ao exercício ético nos meios de comunicação;
4. elencar princípios éticos que se encaixam tanto na comunicação social quanto na propaganda;
5. investigar os principais desafios que foram criados com a inserção da tecnologia no contexto cotidiano;
6. avaliar como o exercício publicitário carrega consigo profunda responsabilidade social;
7. sugerir aplicações de conceitos éticos a novos desafios que surgem no cotidiano social.

A ética diz respeito a características inerentes à natureza humana e indissociáveis dela: nosso anseio por sociabilidade e por uma convivência harmoniosa entre nossos pares.

Da mesma maneira que a sociabilidade é um fenômeno fundamentalmente humano, a comunicação também o é. Somos comunicadores por natureza: ao nascermos, estabelecemos comunicação por meio do choro e, no decorrer do nosso crescimento, utilizamos signos para expressar quem somos e o que queremos.

As uniões entre a necessidade humana de sociabilidade e a de comunicação, diante de todos os elementos que formam a vida cotidiana, formalizaram o desenvolvimento da comunicação social como parte fundamental da vida.

No universo da comunicação, o jornalismo se estabeleceu como um mediador das informações dos mais significativos. Desde o fim do século XIX, a divulgação da informação passou a ser um serviço essencial. Nesse contexto, o modo como a comunicação se estabelecia, seus recortes e suas perspectivas passaram a compor um *modus operandi* tão importante quanto questionável.

A propaganda, mais um pilar da comunicação e natural consequência do desenvolvimento das ferramentas comunicacionais, ganhou cada vez mais força com o crescimento do capitalismo e sua demanda por consumo crescente. Criou-se, então, uma nova configuração da existência social, na qual a comunicação passou a servir a um propósito maior do que a utilidade básica de informar.

Como adaptar os conceitos éticos nessa nova dinâmica humana de novos modos de trocas de informações crescentes? Neste capítulo, propomo-nos a explorar essa questão e as problemáticas criadas pela consolidação da comunicação social, do jornalismo e da propaganda como meios fundamentais de interação humana, além de como a ética se tornou um pilar na harmonia da dinâmica desses polos.

Interesses econômicos, movidos por uma cadeia violenta de consumo, interesses políticos, culturais e sociais desafiaram os estudiosos das mais diferentes correntes filosóficas e éticas a darem respostas sobre essa nova realidade social movida pela comunicação.

Começaremos tratando da ética no contexto dos meios de comunicação em seu caráter de serviço essencial para a criação de uma interação harmoniosa entre os profissionais da produção de informação e o respeito desses comunicadores para com a sociedade em geral.

4.1
Refletindo sobre a ética nos meios de comunicação social

Quando olhamos para a história dos meios de comunicação social, precisamos levar em consideração a abordagem romântica que a atividade sempre carregou, principalmente em se tratando da comunicação como jornalismo.

Essa visão idealizada deu vazão a uma série de interpretações da prática jornalística que colocavam em dúvida a responsabilidade inerente a esse serviço fundamental, que, após outros serviços como saúde e alimentação etc., figura como a primeira de uma lista de profissões que influenciam a vida social, em razão de sua importância simbólica (o ato de comunicar) e direta (a importância da informação transmitida). Perceber o poder da comunicação (verbal ou não) no cotidiano equivale e reconhecer a relevância do jornalismo como atividade construtiva para o dia a dia das pessoas.

A atividade jornalística, por definição, consiste em um dos métodos de contação de histórias da vida real. No entanto, ela traz consigo uma responsabilidade social mais profunda do que as narrativas ficcionais de um conto ou um poema, por exemplo. Seu exercício é determinado por uma profunda apuração de fatos ocorridos e cuidado com o modo de expressar tais eventos.

Como muitos segmentos profissionais da sociedade, o jornalismo demandou, no decorrer de sua consolidação, um órgão regulador que orientasse a classe em relação ao modo de informar. Em 1987, atendendo a essa necessidade, surgiu o Código de Ética dos Jornalistas do Brasil. Aprovado pelo Congresso Nacional dos Jornalistas, prima, de acordo com a Federação Nacional dos Jornalistas (Fenaj), pela fundamentação das normas às quais o trabalho do jornalista é submetido no cenário em que está inserido. Dois pontos são cruciais para a plena execução ética do trabalho jornalístico:

1) resguardo de suas fontes de informação;
2) boa relação entre jornalistas.

Entre as punições que podem ser sancionadas a profissionais que não obedecem às determinações do citado estatuto, propõe-se multa e até a expulsão do jornalista que não pauta suas atividades pelo respeito para com a sociedade e os temas dos quais trata. A ideia que deu origem ao código em questão objetivava a disseminação de um comportamento a ser adotado pelos grandes conglomerados de comunicação, bem como a criação de um fórum jurídico que revisasse publicações difamatórias, caluniosas e injuriosas.

A medida não foi motivada apenas pela questão moral consciente relacionada à preservação dos direitos sociais do indivíduo. A criação de uma plataforma que regulasse o comunicador em relação aos conteúdos veiculados e ao modo de fazê-lo foi a razão crucial. Uma das consequências mais marcantes desse evento foi o prejuízo financeiro estabelecido pelos órgãos competentes nos casos de processos judiciais impetrados contra as redes de comunicação. Essa regulação não consistia em impedimento à liberdade do comunicador em seu processo criativo de escrita, mas sim em regulação resguarda o profissional contra acusações crescentes quanto à parcialidade e a supostas manipulações de dados de extrema relevância pública.

Graças a esse código ético, por meio da *web*, do rádio, da televisão ou de materiais impressos, as matérias passam por um processo cuidadoso de apuração de conteúdos e modos de expressão que possam ser prejudiciais à sociedade e aos veículos de comunicação.

Para saber mais

O QUARTO poder. Direção: Costa-Gravas. EUA: Warner Bros., 1997. 114 min.

O filme narra uma realidade em que um evento marcante é noticiado por um profissional que ultrapassa a prioridade jornalística ética da divulgação de matérias de interesse social-público. A produção revela como a falta de princípios éticos corrompe o que deveria ser um exercício de mera transmissão de informações para o público. A necessidade de uma narrativa cinematográfica para saciar a sociedade do consumo alimenta o ego do protagonista, que ultrapassa os limites criando uma espiral trágica relacionada ao fato.

O filme serve de exemplo para o reconhecimento da importância de uma luta, iniciada nos anos 1970 no Brasil, pela consolidação de um código de ética que visasse ao respeito que cada ser humano merece, removendo qualquer possibilidade de enfoque de entretenimento na exposição da informação e da comunicação social.

4.2
Princípios éticos

A ética transformou a comunicação, em especial a jornalística, antes serviço muito próximo ao entretenimento (em razão de sua abordagem sensacionalista) em uma plataforma informacional pautada pela responsabilidade social ao resguardar os direitos individuais de cada cidadão.

O art. 7º do Código de Ética do Jornalista Brasileiro se refere a essa premissa fundamental da ética da comunicação, revelando os passos que devem ser seguidos por aqueles que se propõem ao ato de comunicar:

> Art. 7º O jornalista não pode:
>
> I) aceitar ou oferecer trabalho remunerado em desacordo com o piso salarial, a carga horária legal ou tabela fixada por sua entidade de classe, nem contribuir ativa ou passivamente para a precarização das condições de trabalho;
>
> II) submeter-se a diretrizes contrárias à precisa apuração dos acontecimentos e à correta divulgação da informação;

III) impedir a manifestação de opiniões divergentes ou o livre debate de ideias;
IV) expor pessoas ameaçadas, exploradas ou sob risco de vida, sendo vedada a sua identificação, mesmo que parcial, pela voz, traços físicos, indicação de locais de trabalho ou residência, ou quaisquer outros sinais;
V) usar o jornalismo para incitar a violência, a intolerância, o arbítrio e o crime;
VI) realizar cobertura jornalística para o meio de comunicação em que trabalha sobre
VII) organizações públicas, privadas ou não governamentais, da qual seja assessor, empregado, prestador de serviço ou proprietário, nem utilizar o referido veículo para defender os interesses dessas instituições ou de autoridades a elas relacionadas; permitir o exercício da profissão por pessoas não habilitadas;
VIII) assumir a responsabilidade por publicações, imagens e textos de cuja produção não tenha participado;
IX) valer-se da condição de jornalista para obter vantagens pessoais. (Fenaj, 2007, p. 2)

O compromisso fundamental do jornalista é com a verdade dos fatos, e seu trabalho se pauta pela precisa apuração dos acontecimentos e por sua correta divulgação.

A premissa de que o modo como a informação exposta influencia diretamente o entendimento das massas tem um peso fundamental na transmissão das informações e na maneira como o exercício da profissão dita os caminhos da comunicação no mundo.

Exemplificando

Um dos casos mais marcantes da transformação necessária de abordagem da comunicação foi o caso Escola Base, ocorrido em 1994, em São Paulo (SP). Esse evento foi determinante para a alteração dos limites éticos do jornalismo brasileiro (Buono, 2020).

Um grupo de grandes órgãos de comunicação publicou a notícia de que um casal de diretores-pedagogos de uma escola estaria abusando sexualmente de um de seus alunos. As acusações, posteriormente, mostraram-se infundadas. O resultado foi uma indenização de valores significativos para os educadores acusados e uma multa para os veículos de comunicação responsáveis pelo erro de informação.

No entanto, a acusação e todo o processo de desgaste da imagem provocada pelos grandes conglomerados trouxeram danos graves à vida do casal: a depreciação da imagem dos profissionais diante da população (e de seus clientes) e a violência psíquica direcionada a essas pessoas inocentes. Convém destacar que, por muito tempo, o *modus operandi* jornalístico se baseava nas pautas mais fatídicas, independentemente das consequências que as notícias e sua abordagem poderiam provocar.

Para que isso não voltasse a ocorrer, o Código de Ética da profissão determinou parâmetros de regulação de uma série de condutas que passaram a ser parte do cotidiano da comunicação social. Por exemplo:

- **Utilidade pública**: o profissional deve ser guiado pela relevância quando produz seu conteúdo. Os critérios de noticiabilidade, criados especificamente pelo jornalismo nos cursos de Comunicação Social, ganharam destaque por serem o fio condutor do jornalista em sua missão de comunicador. Estar atento às novas demandas sociais e não se ater a pressupostos banais em meio a uma realidade social que carece de espaço, plataforma e voz devem ser os nortes éticos de todo jornalista.

- **Objetividade**: a romantização da narrativa real e do exercício de escrita pode ser um caminho tortuoso para o exercício do jornalismo pautado pela ética e responsabilidade. A factualidade e seus preceitos de urgência e/ou importância devem estar em acordo com as demandas sociais, ou seja, com a linguagem objetiva. Muitos *sites*, na transição dos materiais impressos para os digitais na *web*, visando ao processo de adaptação às novas tecnologias, apostaram em resumos pontuais de matérias catalogadas em pequenos pontos antes do texto corrido. A iniciativa encontra resistência dos profissionais de comunicação que primam pela divulgação de matérias e conteúdos mais elaborados. A aplicação do método, por ser reducionista e incentivar a população à leitura superficial de assuntos, muitas vezes de profunda importância, denota a demanda real e crescente por linhas objetivas de uma sociedade cada vez mais sem tempo e imersa na configuração da modernidade líquida.
- **Imparcialidade**: a ideia de parcialidade é uma das mais conflituosas diante dos limites éticos estabelecidos pelos códigos dispostos pelos fóruns da comunicação social. Tomando como exemplo o jornalismo, o profissional da área, por definição, tem a obrigação de se basear na imparcialidade. Mas como ser imparcial considerando a individualidade inerente de cada ser social que atravessa uma série de eventos pessoais,

profissionais e culturais que modificam seu recorte de mundo? Com base nessa reflexão, o jornalista deve manter, em sua produção, a linha editorial do veículo de comunicação que ele representa isenta de qualquer viés ideológico. Cidadania e direitos humanos, informações importantes para o bem-estar social, segurança e integridade daqueles que consomem a informação devem ser preceitos que não podem ser maculados por vieses político-ideológicos. A realidade, ainda que interfira no universo particular daquele que se propõe a identificá-la e comunicá-la ao mundo, deve ser, no mínimo, uma representação da constante busca pela imparcialidade.

4.3
Mass media, ou meios de comunicação social

A internet obrigou a denominada *mass media* (comunicação social) a se adaptar aos novos tempos. Novas tecnologias se sobrepuseram aos antigos meios de comunicação e passaram por um processo que, posteriormente, seria denominado *convergência digital*.

O que é?

Mass media: meios de comunicação de massa. São os meios transmissores de informação, concebidos para atingir o maior número de pessoas possível. A televisão, anos atrás, foi o maior instrumento de *mass media*. A influência da rede televisiva na vida das pessoas, na cultura e no comportamento social era notável pela influência dos programas da rede aberta.

Anteriormente, a imprensa, por meio de disseminação de jornais e do rádio, foi o principal canal de comunicação com a população. Considerando essa breve definição de *mass media*, vamos refletir a respeito de sua influência na atividade a seguir.

Exercício resolvido

Tendo em vista a definição de *mass media* como o repertório de canais de comunicação que mais atingem pessoas, podemos entender que sua influência se consolida por seu impacto cultural e social na vida das pessoas, desejosas de consumir informações em suas diferentes manifestações.

Diante disso, qual seria o maior instrumento de *mass media* considerando a profunda desigualdade social do Brasil: a *internet* e suas tecnologias ou a televisão?

a) A internet deve ser considerada a mais representativa forma de *mass media*, pois já desbancou a televisão e se tornou a grande disseminadora de informações e agregadora de pessoas em apenas uma plataforma. Tais índices são suficientes para justificar seu protagonismo.

b) A televisão continua sendo o maior representante de *mass media*, porque ainda faz parte do cotidiano cultural e social da parcela mais significativa do povo brasileiro.

c) A *mass media* não precisa ser entendida como uma plataforma única e específica. A liquidez dos tempos possibilita uma nova maneira de pensar a transmissão de informações para as pessoas: uma troca constante entre os meios de comunicação de massa.

d) A *internet* pode ser considerada a grande representante da *mass media* da atualidade, por atender a maior parte da sociedade brasileira (incluindo segmentos mais vulneráveis e carentes), hoje munida de computadores e *smartphones*.

Gabarito: c

Apesar de as outras respostas da atividade não estarem totalmente erradas, precisamos entender o contexto social atual, que não dá espaço a uma designação de um único meio de comunicação como o principal representante da *mass media*.

Ainda que a *internet* tenha crescido e, certamente, ocupado o posto de grande plataforma de comunicação e entretenimento para a grande massa, devemos ponderar também dois pontos: a modernidade líquida e a desigualdade social do Brasil.

A liquidez do estado de coisas e das relações da realidade contemporânea criaram um cenário de intercomunicação entre os meios, no qual eles estão em permanente associação, formando uma grande plataforma de informação e entretenimento. No Brasil, por exemplo, mesmo com a grande adesão a *smartphones* e computadores, a TV aberta ainda é um poderoso instrumento para se informar. Nesse contexto, a *mass media* não é apenas representada pela *internet*, mas por sua fixação como meio massivo de comunicação e sua ramificação com outros meios outrora populares.

Em uma perspectiva histórica, o avanço e o processo de transformação dos meios de comunicação no século XIX com a introdução das prensas a vapor e do papel de jornal fez com que a chamada *mídia popular* se consolidasse de fato; jornais passaram a ser comercializados a preços populares e livros começaram a ser produzidos em uma escala nunca antes vista. A segunda transformação ocorreu no início do século XX, com a introdução da transmissão de informações por ondas eletromagnéticas, fenômeno que gerou, por consequência, o rádio e, posteriormente, a televisão, nas décadas de 1920 e 1940. Desse cenário se originou a cadeia de comunicação e transmissão que mudou todo o panorama comunicacional, que ainda permanece em vigor.

Figura 4.1 Jornal impresso: primeiro representante da *mass media*

Avançando no tempo, chegamos ao advento de uma transição radical na forma de transmissão de informação, na qual podemos verificar o armazenamento de dados em computadores. Essa mudança trouxe consigo uma onda de transformações que promoveram uma fluidez dos meios de comunicação como nunca se viu. O evento da computadorização causou mudanças em todos os ambientes de trabalho, inclusive no jornalismo, principalmente com o advento da *internet*. Os limites dos suportes de informação – áudio, vídeo e texto –, antes muito bem definidos, passaram a se diluir.

Na década de 1990, Chris Lapham (1995) entendia que a comunicação avançava à época para um modelo que permitia uma troca de poder. Tal análise ganhou força nos estudos sobre a comunicação social nos anos posteriores.

No início do desenvolvimento da comunicação tal como a conhecemos, em especial em seu viés jornalístico, o modelo estrutural vigente era o de grandes conglomerados poderosos que detinham, em suas mãos e em suas plataformas, o privilégio de escolher como e o que disseminar para a grande massa. No entanto, com a internet e sua ascensão como novo meio de comunicação massiva e de grande alcance popular, democrático, com acesso virtualmente irrestrito, responsável pela popularização de um tipo de interação social totalmente disruptivo, colocou-se em xeque o método predominante de acesso à informação perpetuado por anos pelos jornais impressos, pelas revistas, pelo rádio e pela televisão.

O poder da comunicação passou por um processo de troca. No novo modelo de disseminação de informações, os conglomerados perderam significativo espaço na dinâmica de transmissão de informações para a sociedade. Nessa transição, houve uma grande troca *do* todo para *com o* todo.

As delimitações das funções hierárquicas passaram a ser mais fluidas entre o emissor e o receptor da mensagem. Na nova comunicação social, reinventada pela internet, os papéis se misturaram – o espectador passou a ser, ao mesmo tempo, em várias ocasiões, o autor, a fonte, o editor etc. Convém ressaltar que essa transformação profunda dos modos de criação e de transmissão de informações também precisou encaixar-se em novos moldes éticos da área da comunicação.

A hipertextualidade, desenvolvida pela interatividade, pela convergência e pela revolução digital, passou a ser contínua em sua produtividade, sua distribuição e seu envolvimento com os leitores. Nessa dinâmica, empreendem-se estudos sobre os novos métodos de comunicação, os novos recursos, como eles dialogavam entre si e como eles criam novas formas de interação a cada dia.

O grande desafio da comunicação social passou a ser não apenas incorporar modelos antigos a um novo método de comunicação, mas também, com base em experimentos práticos, criar uma linguagem própria, visto que público não figuraria como receptor diante de um computador da mesma maneira que antes figurava diante do rádio e da TV. Além disso, é preciso adaptar os preceitos éticos à nova atividade.

Os primeiros jornais digitais, por exemplo, nos anos 1980, testaram a ideia de texto imerso em vídeo. Tal inovação adiantou o processo da maioria dos grandes jornais impressos para a transição para as vias digitais. No entanto, já em 1996, percebeu-se que a mera transferência das informações, antes impressas, para a tela do computador seria a receita para o fracasso dos conglomerados de comunicação. As nuances, possibilidades e inventividades da internet precisavam ser levadas em consideração.

As problemáticas dos anos iniciais da transição da comunicação social para os métodos digitais podem ser divididas em três características, como mostra a Figura 4.2, a seguir.

Figura 4.2 Características da transição da comunicação analógica para a digital

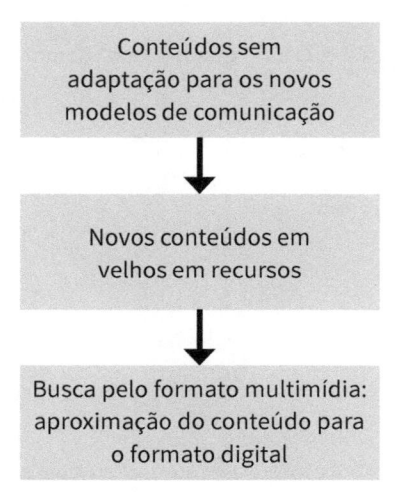

> Conteúdos sem adaptação para os novos modelos de comunicação
>
> ↓
>
> Novos conteúdos em velhos em recursos
>
> ↓
>
> Busca pelo formato multimídia: aproximação do conteúdo para o formato digital

A aproximação do conteúdo para o formato digital causou a quebra de uma barreira na comunicação, legando ao passado os modelos hierárquicos de profissão autovalidativa e aproximando-se do público, de modo a trazê-lo para os bastidores criativos da produção de conteúdo.

As matérias jornalísticas passaram a ter formato multimídia, explorando *hiperlinks* (*links* dentro de uma matéria que direcionam para o próximo assunto supracitado) e infográficos interativos. Muitas vezes, a inserção de recursos dessa natureza interfere na linearidade do texto, problema que impacta diretamente o *lead* da pirâmide invertida, apresentado na Figura 4.3, a seguir.

Figura 4.3 *Lead* jornalístico

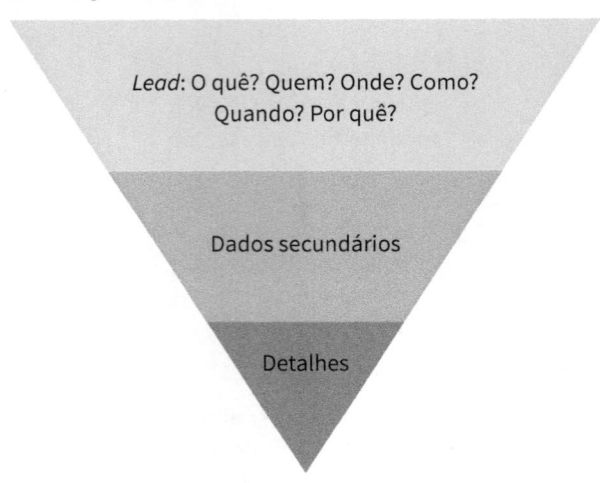

Lead: O quê? Quem? Onde? Como? Quando? Por quê?

Dados secundários

Detalhes

Entre os observatórios de imprensa e grandes estudiosos, passou a ser uma unanimidade o entendimento de que o jornalismo digital não poderia ser uma réplica do jornalismo impresso, nem em sua forma de adaptação, nem na incorporação dos novos preceitos éticos. Portanto, o jornalismo passou a lidar com um novo ciclo de desafios, principalmente no campo da ética.

4.4
Desafios da ética na comunicação social da atualidade

Na década de 1990, Lapham (1995) propôs a ideia de fluidez na comunicação, em uma estrutura cuja base seria o jornalismo impresso, com matérias bem escritas, buscando o espaço para o analítico e a clareza das informações, sem desconsiderar o nicho em que essa categoria está inserida e as possibilidades que seu estilo contém em si.

Posteriormente, entendeu-se que jornalismo impresso seria necessário como um objeto físico cuja função seria a de transmitir familiaridade em relação aos formatos antigos e confiabilidade em meio aos novos paradigmas que surgiram.

Quadros (1999), por sua vez, afirma que o jornal é uma plataforma que se aproveita dos recursos da *web* de maneira única, filtrando os meios para entregar ao leitor seus assuntos preferenciais (modelo incorporado em tempos mais recentes, de maneiras discutíveis), mas sempre primando pelo uso confiável da informação, combinado com o imediatismo que os novos tempos exigem.

Boulter (1995) apostava em um novo modelo, criado pela união de novos métodos com os preponderantes na velha mídia: multimídia, como a internet propunha, com o imediatismo do rádio e com a profundidade da mídia impressa, gerando um grande entrelace de potências comunicacionais. Ao expor uma possível solução para o novo jornalismo, o autor indicou, na verdade, o maior desafio da comunicação atual: Como unir interatividade, profundidade, imediatismo e confiabilidade para um público imerso na liquidez dos novos tempos? Além disso, um novo modelo ético precisaria ser incorporado, demandando o desenvolvimento de outro perfil de profissional.

A mudança, *a priori*, para quem se deparou com a introdução da plataforma comunicacional da internet foi apenas a digitalização de uma estrutura escrita, que, antes restrita à matéria física (que passava por todo o processo do maquinário que produzia e prensava as informações no papel), reduzia-se à sua transposição para a tela do computador. Nos passos iniciais da internet, essa transição foi suficiente. No entanto, à medida que a tecnologia se tornou mais inventiva e ainda mais mutável, algo muito além da plataforma de depósito das informações mudou o modo de se comunicar para sempre.

Ao lado da percepção de que a convergência digital teria alterado para sempre a forma de se comunicar, um novo desafio havia aparecido.

Se outrora a dinâmica da comunicação consistia na interação de um emissor com um público consumidor inerte, com o avanço das comunicações, esse mesmo grupo conquistou a autonomia trazida pelo acesso virtualmente irrestrito à tecnologia. A "plateia" agora estava mais próxima dos acontecimentos, atuando como agentes protagonistas da notícia (capazes de filmar, fotografar, digitar). Um novo público surgiu, mais complexo e exigente.

Prova dessa evolução se revela na conduta de programas de grande alcance de público, que hoje promovem a interação com os internautas na discussão de temas delicados que envolvem limites éticos em qualquer instância social. Considerando tal premissa, podemos analisar o caso proposto na atividade a seguir.

Exercício resolvido

Houve uma mudança da estrutura hierárquica nas práticas comunicacionais, em especial na jornalística, pois o público ganhou novas atribuições na criação de conteúdos graças à introdução da internet e ao desenvolvimento das plataformas digitais.

No contexto dos preceitos éticos que fundamentam a comunicação social, a apuração é um instrumento essencial de investigação da veracidade da informação, pois a comunicação social e o jornalismo lidam diretamente com temas que dialogam tanto com a realidade da sociedade quanto com a vida íntima de indivíduos.

Tendo em vista tais preceitos inalienáveis ao procedimento jornalístico ético e, ao mesmo tempo, as diferentes dinâmicas da interatividade da internet, quais foram os pontos que a área da comunicação teve de equilibrar em relação aos conteúdos digitais?

a) A internet abriu um novo precedente para a comunicação e para as delimitações éticas, criando novos parâmetros de avaliação e possibilidades para o questionamento do que pode ou não ser moral.
b) As novas formas de interação que a internet gerou não podem servir como pressuposto para a quebra dos limites éticos conquistados com grande esforço nos congressos jornalísticos e nos fóruns de discussão do tema.
c) O jornalismo deve resistir aos novos moldes promovidos pela internet, pois, sendo inerente à sua natureza interativa, a quebra dos limites éticos sempre vai existir, o que demanda um controle mais rígido sobre o público que interage.

d) O jornalismo deve utilizar-se da internet para restaurar sua posição na hierarquia de produção de conteúdos em relação ao público, culpado pela quebra dos limites éticos nessa atividade, por estar desacostumado com a autonomia da informação.

Gabarito: b

Nenhum pressuposto interativo pode ser usado como desculpa para a quebra dos limites éticos conquistados pelas experiências traumáticas da história da comunicação social brasileira. Por isso, programas de grande apelo popular brasileiro que tratam de temas delicados sem o cuidado de evitar exposições de segmentos sociais vulneráveis como entretenimento precisam repensar e revisar seus métodos de comunicação em massa. A internet pode ser uma poderosa ferramenta de interação eficaz entre o público e a classe produtora de conteúdo, mas não pode servir como veículo de disseminação de notícias apelativas ou mesmo falsas.

Além da questão da influência da internet nos métodos de comunicação, é preciso notar que os bastidores da política brasileira, entre outros âmbitos, contribuem para um afrouxamento das determinações éticas em solo nacional. Em 2009, o Supremo Tribunal Federal (STF, 2009)[1] derrubou a obrigatoriedade do diploma do curso de Jornalismo para o exercício da profissão. Em 2013, no entanto, o Senado Federal (Senado..., 2013)[2] aprovou alterações constitucionais que resguardavam essa obrigatoriedade. Entretanto, em

---

[1] Caso queira saber mais a respeito desse processo, consulte: <http://www.stf.jus.br/portal/cms/verNoticiaDetalhe.asp?idConteudo=109717>. Acesso em: 5 abr. 2021.

[2] Caso queira saber mais a respeito dessa determinação, consulte: <https://congressoemfoco.uol.com.br/especial/noticias/senado-resgata-obrigatoriedade-de-diploma-de-jornalismo/>. Acesso em: 5 abr. 2021.

novembro de 2019, o então presidente do Brasil, Jair Messias Bolsonaro (sem partido), optou por derrubar novamente a determinação do registro profissional de algumas profissões, entre elas a de jornalista (Brigatti, 2019).

Essa sequência de fatos históricos da luta pelo registro nacional da profissionalização do jornalismo indica a mudança do público em relação ao exercício profissional da comunicação social. Se nem mesmo os poderes que regem as leis brasileiras reconhecem a importância de uma formação profissional para a atividade da comunicação, o que dizer do público, ansioso pela sua própria versão de suas histórias cotidianas (e que agora teria recurso estrutural e intelectual), pela voz de sua própria informação.

Não precisamos entrar no campo do juízo de valor para entender que, mais que um desafio, essa dinâmica representa um grande problema no horizonte jornalístico, político e social. Antes de prosseguirmos, no entanto, apresentaremos um panorama histórico que ajudou a criar o cenário de animosidade política entre a imprensa e parte da classe política brasileira.

No 53º Congresso da Associação Mundial de Jornais, realizado nos anos 2000, no Rio de Janeiro, grandes conglomerados de comunicação entenderam que uma série de desafios se formava no futuro. De acordo com Oliveira (2001), as principais situações a serem enfrentadas pelos jornalistas nos anos vindouros seriam as expostas na Figura 4.4, a seguir.

Figura 4.4 Desafios para o jornalismo digital

Conteúdo local	Os jornais nunca devem perder de vista seu papel de coesão das comunidades locais.
Perícia	Os periódicos devem buscar maneiras de angariar, treinar e reter profissionais de alto nível para a redação e a gerência, eliminando a burocracia.
Credibilidade	Diários locais e regionais menores devem impor credibilidade a seus conteúdos e adotar uma postura independente em relação a grupos editoriais maiores.
Integração	As companhias devem buscar a integração entre as equipes de redação e gerências.

Fonte: Elaborado com base em Oliveira, 2001.

Embora essas demandas sejam sensíveis às causas sociais e à classe jornalística, a problemática social à época avançava de maneira ainda mais agressiva. Os grandes consumidores, a denominada *grande massa*, abastecida pela *mass media*, sempre foi subestimada pelas redes televisivas, de produção de conteúdo impresso e da indústria do entretenimento. Podemos entender esse fenômeno pensando em mídias como o cinema e a música, por exemplo, que se reciclaram quando perceberam a emancipação em curso daqueles que, anos atrás, eram apenas meros receptores das informações escolhidas a dedo por pessoas que não estavam afinadas com as realidades culturais e sociais dos consumidores de seus produtos.

4.4.1
Fake news: o maior desafio ético do jornalismo

Em meio à mudança de paradigmas promovidos pela digitalização dos meios de comunicação e à emancipação conquistada pelo público-alvo da comunicação, um número cada vez maior de pessoas passou a se informar pela internet e pelas redes sociais. Surgiu, então, o maior desafio do jornalismo nos últimos anos: as *fake news*.

Fique atento

Você sabia que, de acordo com pesquisa realizada pela Câmara dos Deputados e pelo Senado Federal, em 2019, 79% dos cidadãos brasileiros se informaram pelas redes sociais (Pesquisa..., 2019), em especial pelo WhatsApp?

Isso mesmo, na medida em que a internet assumiu papel preponderante na vida das pessoas e as redes passaram a ter um posicionamento determinante no cotidiano social, foi natural o crescimento exponencial do contingente de pessoas a se utilizarem das redes sociais para sua atualização diária de informações.

Diante desse contexto, o que deveria contribuir para a comunicação social se tornou um dos componentes favoráveis à consolidação das *fake news* e suas graves consequências.

Um dos pontos a serem considerados nesse cenário diz respeito ao perfil do público que acessa esse tipo de informação: com baixa escolaridade, de meia-idade e/ou desprovido de sensibilidade técnica para fazer apuração de informações. Em suma, trata-se do público menosprezado por anos pelo jornalismo profissional, que, embora preze pela utilização de infográficos bem produzidos, por matérias com câmeras de alta qualidade em TV digital e 4K, matérias meticulosamente bem revisadas e jornalistas *in loco* na cobertura de grandes eventos, ignorou a grande massa. Finalmente, o jornalismo estava às vistas de um ajuste de contas com um público carente de representação social nos meios de comunicação.

Mais uma vez, é necessário levar em conta os encaminhamentos do cotidiano brasileiro. A vulnerabilidade social não é apenas consequência da desigualdade endêmica do país; ainda assim, tornou-se fio condutor dos passos a serem adotados não apenas pela comunicação social, mas também pela política, pela cultura e pela sociedade. Precisamos relembrar que, durante esse processo, o Brasil testemunhou o recrudescimento da força das denominações religiosas neopentecostais. Um dos grandes estudiosos do fenômeno que modificou os encaminhamentos da fé cristã no Brasil, Jessé de Souza (citado por Marcelo Moura, 2017, Agência O Globo), revelou um panorama certeiro do novo público consumidor do jornalismo brasileiro:

> Apelidei de batalhadores a classe trabalhadora precária do capitalismo financeiro, que são trabalhadores superexplorados, trabalham até 14 horas por dia, muitos informais, e sem perceber uma identidade horizontal de classe. São pessoas que ascenderam pelo crédito fácil e por políticas inclusivas do PT. Normalmente essas classes são abandonadas pelo Estado e pela sociedade. Existe um forte preconceito de classe contra as classes populares no Brasil, partilhado pela elite e por amplos setores da classe média. Nesse preconceito se misturam aspectos como medo da ascensão e consequente competição desses setores e necessidade de construir novos mecanismos de distinção social contra eles para mantê-los desorganizados e

facilmente exploráveis. (Souza, citado por Marcelo Moura, 2017, Agência O Globo)

Em seus estudos sobre o caráter do novo público jornalístico e da sociedade brasileira, Souza (citado por Marcelo Moura, 2017, Agência O Globo) destaca:

> As igrejas evangélicas identificaram um novo mercado religioso no Brasil a partir da humilhação cotidiana dos pobres pela sociedade sob múltiplas formas. Os humilhados carecem de autoconfiança e autoestima por causa de um cotidiano de abandono e humilhação e por falta de chances para a competição social. As igrejas oferecem isso ao dizer que "se ninguém está com você Jesus está". Os seres humanos precisam de confiança e apoio como precisam de comida. Esse é o segredo do desenvolvimento dessas igrejas. E elas ensinam a disciplina e o autocontrole que o mercado exige sob a forma de pregação religiosa. A teologia da prosperidade não é nada mais que esse ensinamento prático. (Souza, citado por Marcelo Moura, 2017, Agência O Globo)

A análise de Jessé de Souza é determinante para entender o fortalecimento das *fake news* e das novas dinâmicas do jornalismo digital. Não estamos mais lidando apenas com um novo público que se emancipou em relação às suas necessidades, mas que cobra a continuidade de um serviço amplamente afetado por questões sociais fomentadas por todos os piores vícios do jornalismo e da política.

Entre os desafios impostos pelas *fake news* como elemento propulsor de uma nova cisão ética, é importante destacar a existência de *sites* que incitam a população com informações falsas, utilizando arquétipos jornalísticos para respaldar suas notícias falaciosas. E os problemas só aumentam:

grande parte dos *sites* que abrigam redes de notícias falsas é registrada fora do país e, consequentemente, não expõem dados que poderiam servir para as vias judiciais e criminais aplicarem as devidas sanções.

A identificação das *fake news* começou a se tornar um incômodo visível para a classe massiva, que percebeu sua posição como massa de manobra de poderosos grupos de poder, como visto na imagem a seguir.

Figura 4.5 Apoiadores associam campanha de presidenciável dos Estados Unidos a *fake news*

Uma das soluções para a crescente onda de notícias falsas e, consequentemente, para o desrespeito à ética na comunicação (e em todas as outras áreas da realidade), é exposta pelo autor do livro *O que aprendi sendo xingado na internet*, de Leonardo Sakamoto (2016), da ONG Repórter Brasil: o autor defende a "alfabetização midiática" como resolução em médio prazo para esse grave problema da atualidade.

A ideia de Sakamoto (2016) passa pela utilização do ambiente escolar, com todas as suas estruturas de ensino, desde os anos iniciais de alfabetização dos estudantes, para que estes consigam constatar notícias falsas desde sua gênese.

Além dessa demanda fundamental, também é necessário destacar um passo relevante para a adequação ética da atividade comunicacional: entender que a defesa de um jornalismo livre não indica partidarização ou escolha de um posicionamento político. O trabalho a ser considerado por todos que produzem conteúdo e lutam pela defesa da ética em todos os fóruns de trabalho é o de conscientização da liberdade de expressão. Utilizar a *mass media* para objetivos de disseminação de caminhos justos, em uma sociedade movida por valores nobres, ajuda a criar uma sociedade que compreende seu *modus operandi* como o de manter e defender valores que valem a pena serem seguidos.

A seguir, elencamos alguns aspectos sociais que permeiam o cotidiano e que têm influência direta na comunicação social.

- **Economia**: o mercado, profundamente inserido em um contexto capitalista que estimula o consumo desenfreado para a constante melhora de seus números, não costuma ser um grande exemplo de abertura para a inserção dos conceitos éticos. Entretanto, a comunicação social pode trazer contribuições para esse segmento, apoiando os negócios e promovendo a concorrência responsável por meio de informações que beneficiem tanto o empresário quanto os consumidores.
- **Política**: a informação transmitida adequadamente pelo *mass media* pode criar toda uma geração de pessoas bem informadas, que participam ativamente do processo

político e da construção de uma realidade social mais justa e baseada na vontade do povo. Em um cenário negativo, o engano e a demagogia costumam fazer parte da grade da *mass media* pelas propagandas eleitorais, que são obrigatórias em escala nacional.

- **Cultura**: os meios de comunicação de massa têm a oportunidade de democratizar o acesso da grande população às obras artísticas e ao lazer, direitos humanos que fazem parte das determinações de uma sociedade justa e saudável. Infelizmente, os críticos ainda separam os produtos da *mass media* como inferiores, por conta de sua acessibilidade e do público-alvo, reduzindo seu valor como arte.
- **Educação**: a *mass media* oferece canais de comunicação que disseminam o conhecimento acessível para todos, tornando-o parte de sua grade de conhecimentos para uma população vulnerável que, muitas vezes, ainda não é alfabetizada e não teria o acesso a essas informações em outras fontes. Entretanto, a televisão (naturalmente caracterizada como o meio de comunicação de massa mais acessível) é constantemente categorizada e tratada como uma distração. Tal realidade pode afastar a população vulnerável do acesso a outras formas de informação.

4.5
Ética da propaganda

Falar da ética da propaganda é adentrar um fórum de difícil análise. A propaganda publicitária é um recurso poderoso do capitalismo, fundamentado no consumo agressivo e na mobilização da sociedade a uma competição acirrada. *A priori*, não é difícil encontrar as motivações dos entes formadores da categoria de publicitários que criaram um código de ética regulador de seus modos de comunicação. No entanto, é necessário conceituar os termos *propaganda* e *publicidade* para tratarmos da necessidade do encaminhamento ético das duas atividades.

O que é?

- **Propaganda**: refere-se ao ato de propagar, multiplicar algo. Além disso, também é entendida como o anúncio da existência de alguma coisa. Convém ressaltar que a propaganda não precisa necessariamente ser de um produto; podemos entendê-la como a ação sobre um objeto.

Figura 4.6 Processo de filmagem de *O triunfo da vontade*

Podemos entender o conceito ao assistirmos o filme *O triunfo da vontade*, da diretora alemã Leni Riefenstahl. A produção foi considerada o grande símbolo da propaganda nazista em 1935. O trabalho continua atual, ainda que tenha servido a uma ideologia abominável, sendo reconhecido como uma das grandes realizações da publicidade mundial.

A obra influenciou inúmeros materiais publicitários e comerciais. A ideia era mostrar, de forma sutil, mas convincente, a lealdade dos soldados alemães a Hitler. Portanto, trata-se de um exemplo da propaganda como método, e não como objeto a ser propagado. Ideias, crenças religiosas, comportamentos, manifestações culturais e, inclusive, produtos comerciais podem ser objetos de propaganda.

É importante ressaltar que a propaganda nazista foi uma das pioneiras na utilização da *mass media* como instrumento de disseminação de seus ideais. De 1933 a 1945, o regime comandado por Adolf Hitler utilizou todos os veículos de comunicação disponíveis para a manutenção do poder. A partir de uma manipulação sorrateira, provocava o ódio, ou seja, movia as emoções humanas como modo de criar um enredo em que o regime fosse a única forma de a Alemanha prevalecer como potência mundial.

Nesse caso, a propaganda é a definição mais ampla do conceito de veiculação de objetos (físicos ou não). A ação de propagar, portanto, torna-se a definição lógica da palavra. Existe, aqui, uma ideia geral de convencimento; não obstante, há leis de controle dessa atividade. Portanto, em qual conceito se encaixa a publicidade?

- **Publicidade**: ainda que tenha associação imediata com as demandas de mercado, refere-se a qualquer peça de veiculação comercial que tenha ou não objetivo de lucro. Ainda que, por consequência do cenário em que está inserida, exista a intenção de convencimento, a publicidade tem a intenção de tornar público, ou seja, de evidenciar aquilo que está sendo proposto.

A publicidade se utiliza de tratamentos sutis para chamar e captar a atenção dos consumidores. O conjunto de técnicas da publicidade busca divulgar de forma menos intensa, com menos agressividade mercadológica e com o objetivo de integrar os meios de comunicação para sua disseminação.

Entendendo esses pressupostos, como a ética, a propaganda e a publicidade se relacionam? Ou, em outras palavras, qual é a razão de a propaganda carecer de delimitações éticas e de um código específico para seu exercício? Pelo objetivo de convencimento proposto pela ideia original da propaganda. O ato de convencer pressupõe a exploração de camadas sutis da natureza humana, que podem estar associadas a algum ato ilícito se o conteúdo veiculado for enganoso ou se ultrapassar os limites da individualidade humana e do respeito entre os entes sociais. Considerando os limites sutis do tratamento publicitário ao que deve ou não ser exposto para a população massiva, vamos refletir sobre o caso apresentado a seguir.

Exercício resolvido

Nos estudos relacionados à comunicação social, percebemos que as redações jornalísticas e publicitárias são quase sempre conduzidas, senão por interesses ideológicos, por interesses econômicos naturalmente criados pelos proprietários dos conglomerados. Ainda que exista uma abertura nas discussões quanto à parcialidade do jornalismo, já que se deve assumir a possibilidade de um encaminhamento ideológico com base na linha editorial da empresa, o Código de Ética do Jornalista Brasileiro (Fenaj, 2007), em seu art. 7º, determina que o jornalista deve sempre prezar pela imparcialidade

Da mesma maneira, o Código de Ética dos Profissionais da Propaganda (APP, 2014) revela que a propaganda veiculada não deve reproduzir ou defender valores deturpados ou que não estejam em paralelo com valores humanos e sociais:

- A publicidade é parte legítima da comunicação social, estando sob o abrigo do capítulo V da Constituição da República Federativa do Brasil, gozando, como tal, das proteções relativas à livre expressão do pensamento e mantida, por cláusula pétrea, a salvo de qualquer tipo de censura prévia;
- Comprometem-se os profissionais de propaganda, como contribuição ao estado democrático de direito, a adotar como norma de comportamento o cumprimento da legislação que rege a sua atividade e respeitar a liberdade de mercado, acatando, ainda, tudo o que a autorregulamentação fixar como base ética das relações entre as partes envolvidas na atividade profissional e a população, a quem se destina todo o trabalho da publicidade;
- Rejeitam qualquer ato ou fato que comprometa ou desmoralize a publicidade de bens de serviços e de ideias. O publicitário exerce atividade profissional sob a presunção da boa-fé do receptor das mensagens transmitidas por todas as formas e meios de comunicação, sendo dever individual defender a verdade na formulação de peças e na forma de sua veiculação;

- Os profissionais de propaganda devem sempre observar e respeitar as práticas comerciais dos veículos de comunicação, os quais poderão recusar ou suspender a veiculação de qualquer mensagem que colida com as normas legais e de autorregulamentação publicitária, com seus princípios e valores ou sua orientação editorial, empresarial e comercial;
- Os profissionais de publicidade têm consciência dos riscos e perigos de práticas antiecológicas, sendo compromisso individual de cada um lutar pela sustentabilidade e recusar-se a praticar qualquer ato que possa resultar em prejuízos ao meio ambiente e às espécies de uma maneira geral;
- Consideram-se os profissionais de publicidade como integrantes ativos nos esforços de compliance, pelos quais os ambientes de trabalho e as relações negociais, especialmente com entes públicos, protejam-se de toda forma de corrupção e desvio de condutas éticas;
- Condenam os profissionais de publicidade toda forma de mistificação no trabalho publicitário, que deve ser claro e identificado como tal, respeitador dos usos e costumes prevalentes e livre de todo o tipo de induzimento;
- A publicidade deve ser livre de toda forma de discriminação, seja de gênero, opção sexual, cor, raça ou condição econômica, devendo ser compromisso do publicitário atuar de forma a não constranger ou humilhar aos seus semelhantes com o produto do seu trabalho ou com atitudes individuais ou corporativas das quais participe;
- Os profissionais de publicidade defendem a liberdade de mercado condenando toda forma de restrição, inclusive a governamental, por entenderem que o cidadão que recebe mensagens, escolhe bens e serviços ou opta por aderir a ideias livremente formuladas é o senhor do seu destino

e o grande empreendedor do desenvolvimento econômico que gera bem-estar social;
- Têm o dever de, como compromisso da atividade que exercem, contribuir para o entendimento entre os homens, começando pelo respeito à língua portuguesa, que torna todos próximos e solidários na busca efetiva da felicidade que começa pela paz social;
[...]. (APP, 2014)

Entendendo tal cenário, vamos considerar um político, envolvido em um escândalo de corrupção, que defende uma ideologia semelhante à do conglomerado de comunicação que irá veicular sua propaganda eleitoral na grade de horário nobre. Qual deve ser a postura da empresa e dos jornalistas em questão?

a) A empresa deve prezar por sua base comercial e se abster de qualquer veiculação política ou partidária; a postura a ser tomada é de total isenção no caso em questão, a fim de evitar problemas futuros e prejudicar sua existência como grupo de comunicação.

b) A empresa deve formatar a notícia para que esta seja associada unicamente à figura do político, e não à do conglomerado, esclarecendo para o público a real relação entre os dois.

c) O conglomerado deve promover a difamação do político, para que seu público esteja ciente de que a empresa se diferencia de outras do segmento.

d) A empresa precisa noticiar o fato com o mínimo de envolvimento possível. Ainda que exista um constrangimento por alguma associação, faz parte do bom exercício ético a ação de noticiar de forma eficaz e transparente o acontecimento, a fim de evitar a perda de credibilidade do público para com a empresa.

Gabarito: d

O grande público tende a associar o jornalismo a ideologias políticas e, até mesmo, a grupos políticos. Entretanto, no caso de uma empresa jornalística, a sutileza da publicidade é tamanha que, a depender do modo como o assunto é tratado (ou deixa de ser), a veiculação pode ser considerada um ato publicitário pela população.

O tratamento imparcial de notícias delicadas sempre é o melhor caminho para a aplicação justa de direitos fundamentados e para o fortalecimento da credibilidade do jornalismo como atividade fundamental.

4.6 Propaganda e responsabilidade social

A propaganda elaborada pelo publicitário deve ser conduzida com base em um senso apurado de responsabilidade social em relação ao material produzido. Ainda que exista uma dinâmica de consumo que fortaleça a ampla concorrência entre empresas, comportamentos e ideais indesejados devem ser sistematicamente evitados na veiculação da peça publicitária aos consumidores.

Fique atento

Você sabia que a propaganda abusiva e/ou enganosa pode configurar crime e levar à penalização criminal de seu responsável?

Isso mesmo, o Código do Consumidor, Lei n. 8.078, de 11 de setembro de 1990 (Brasil, 1990), em seu Capítulo V (Das práticas comerciais), Seção III (Da publicidade), alerta, nos arts. 36 a 38, sobre a disseminação de conteúdo potencialmente abusivo e, principalmente, enganoso. A prática pode levar o responsável a três meses a um ano de prisão ou multa:

> Art. 36. A publicidade deve ser veiculada de tal forma que o consumidor, fácil e imediatamente, a identifique como tal.
>
> Parágrafo único. O fornecedor, na publicidade de seus produtos ou serviços, manterá, em seu poder, para informação dos legítimos interessados, os dados fáticos, técnicos e científicos que dão sustentação à mensagem.
>
> Art. 37. É proibida toda publicidade enganosa ou abusiva.
>
> § 1° É enganosa qualquer modalidade de informação ou comunicação de caráter publicitário, inteira ou parcialmente falsa, ou, por qualquer outro modo, mesmo por omissão, capaz de induzir em erro o consumidor a respeito da natureza, características, qualidade, quantidade, propriedades, origem, preço e quaisquer outros dados sobre produtos e serviços.
>
> § 2° É abusiva, dentre outras a publicidade discriminatória de qualquer natureza, a que incite à violência, explore o medo ou a superstição, se aproveite da deficiência de julgamento e

experiência da criança, desrespeita valores ambientais, ou que seja capaz de induzir o consumidor a se comportar de forma prejudicial ou perigosa à sua saúde ou segurança.

§ 3º Para os efeitos deste código, a publicidade é enganosa por omissão quando deixar de informar sobre dado essencial do produto ou serviço.

§ 4º (Vetado).

Art. 38. O ônus da prova da veracidade e correção da informação ou comunicação publicitária cabe a quem as patrocina. (Brasil, 1990)

O consumidor pode identificar a propaganda abusiva por fatores que se apresentam tanto de maneira sutil quanto agressiva:

- incentivo à discriminação de qualquer natureza;
- incitação de qualquer tipo de violência;
- exploração do medo ou da superstição social;
- exploração da ingenuidade infantil;
- desrespeito aos valores ambientais;
- promoção de comportamentos prejudiciais à saúde.

Outro caminho que deve ser totalmente evitado pelo publicitário na criação de qualquer peça ou propaganda deve ser a abordagem enganosa. O ato de incitar o consumidor ao erro ou omitir alguma informação essencial configura uma propaganda enganosa. As informações a serem destacadas, que devem passar por um processo cuidadoso de averiguação e transmissão na hora da propaganda, são:

- natureza;
- características;
- qualidade;
- quantidade;
- propriedade;
- origens;
- preço.

Considerando a conversão da realidade para o digital, novas medidas de proteção ao consumidor em relação à propaganda enganosa estão sendo constantemente concebidas e colocadas em prática.

No Decreto n. 7.962, de 15 de março de 2013 (Brasil, 2013), que regulamenta o Código do Consumidor para dispor sobre a contratação no comércio eletrônico, estabelece regras que, por exemplo, proíbem os comércios que apresentam os valores de seus produtos e serviços apenas mediante troca de mensagens privadas:

> Art. 2º Os sítios eletrônicos ou demais meios eletrônicos utilizados para oferta ou conclusão de contrato de consumo devem disponibilizar, **em local de destaque e de fácil visualização**, as seguintes informações:
>
> [...]
>
> IV – discriminação, no preço, de quaisquer despesas adicionais ou acessórias, tais como as de entrega ou seguros;
>
> [...] (Brasil, 2013, grifo nosso)

Todas as pautas tratadas anteriormente devem servir ao trabalho do publicitário e a uma ideia de preservação das boas relações entre consumidor e empreendedor, fazendo valer os valores éticos que regem a publicidade. Nesse contexto é que o Código de Ética Publicitário foi criado: para a preservação da transparência da informação comunicada e para resguardar os dois lados do ato comunicacional. A exclusão da possibilidade de métodos escusos criou uma confiabilidade própria da ética e de suas ramificações práticas.

O Conselho Nacional de Autorregulamentação Publicitária (Conar) foi criado em 1978 para regular essa relação entre publicidade e consumidor. O órgão máximo que determina o que é certo e errado na publicidade brasileira está em constante atualização e em busca de entendimentos que estejam em consonância com os direitos do consumidor e o exercício profissional do publicitário. A organização tem servido não apenas para o veto de propagandas que defendem claramente conceitos e valores ultrapassados, como vistos na imagem a seguir, mas para a formação de uma nova linha de publicitários que vise ao convencimento dos consumidores por meio de uma abordagem social e de consumo mais justa.

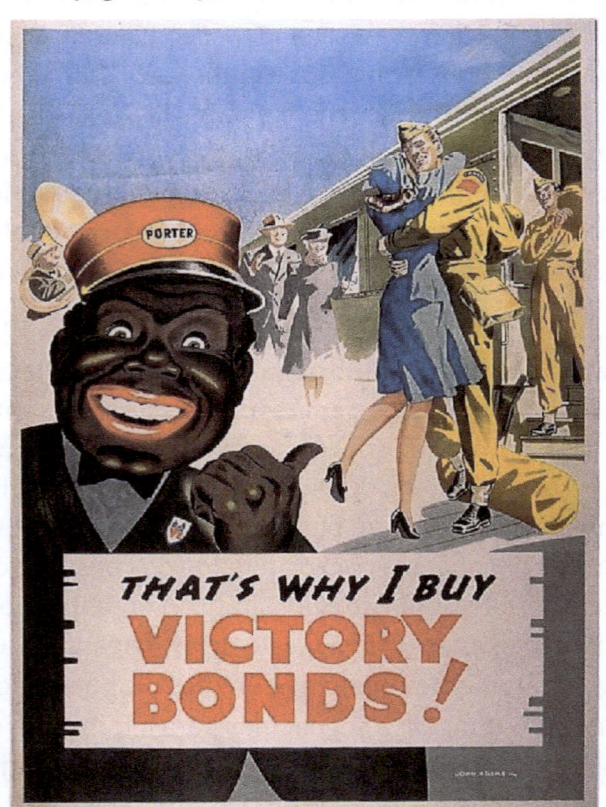

Figura 4.7 Propaganda reproduzindo visão estereotipada e racista

Por exemplo, empresas de bebida alcoólica reduziram ou eliminaram o apelo sexual em suas propagandas, que inerentemente associavam o consumo de produtos do gênero às mulheres seminuas. Além disso, foram extintas propagandas que associavam a figura feminina à submissão a um poderio masculino.

O novo entendimento de propaganda é o novo modelo de consumo para uma renovação do *mass media* e das formas de existir em sociedade. A atualização constante promovida por avanços sociais e de consciência são fundamentais para a consolidação de conceitos éticos eficazes, tanto na comunicação social quanto na publicidade.

Síntese

- A *mass media* deve contribuir para a educação da população, uma vez que é parte fundamental da construção do conteúdo dessa coletividade, integrando à produção de informação conceitos éticos conquistados ao longo dos anos.
- As *fake news* se tornaram o grande desafio ético da *mass media* nos últimos anos, quebrando a configuração de disseminação de notícias e criando um enredo de confusão da população vulnerável em relação às notícias disseminadas pela sociedade.
- A propaganda enganosa muitas vezes ultrapassa os limites da mera exposição de produtos a serem consumidos e pode atingir o campo dos ideais políticos e sociais.
- Novos parâmetros de propaganda estão sendo criados com a atualização do pensamento social, que demanda um caminho mais justo e igualitário.
- A falta de profissionalização do jornalismo acarreta problemas como a perda da credibilidade de quem exerce a profissão de acordo com parâmetros acadêmicos, interferindo diretamente nos direitos humanos e sociais.
- A inserção da ética nos ambientes profissionais da publicidade e do jornalismo passa por momentos profundamente desafiadores, considerando as demandas criadas pela internet e seus usuários.

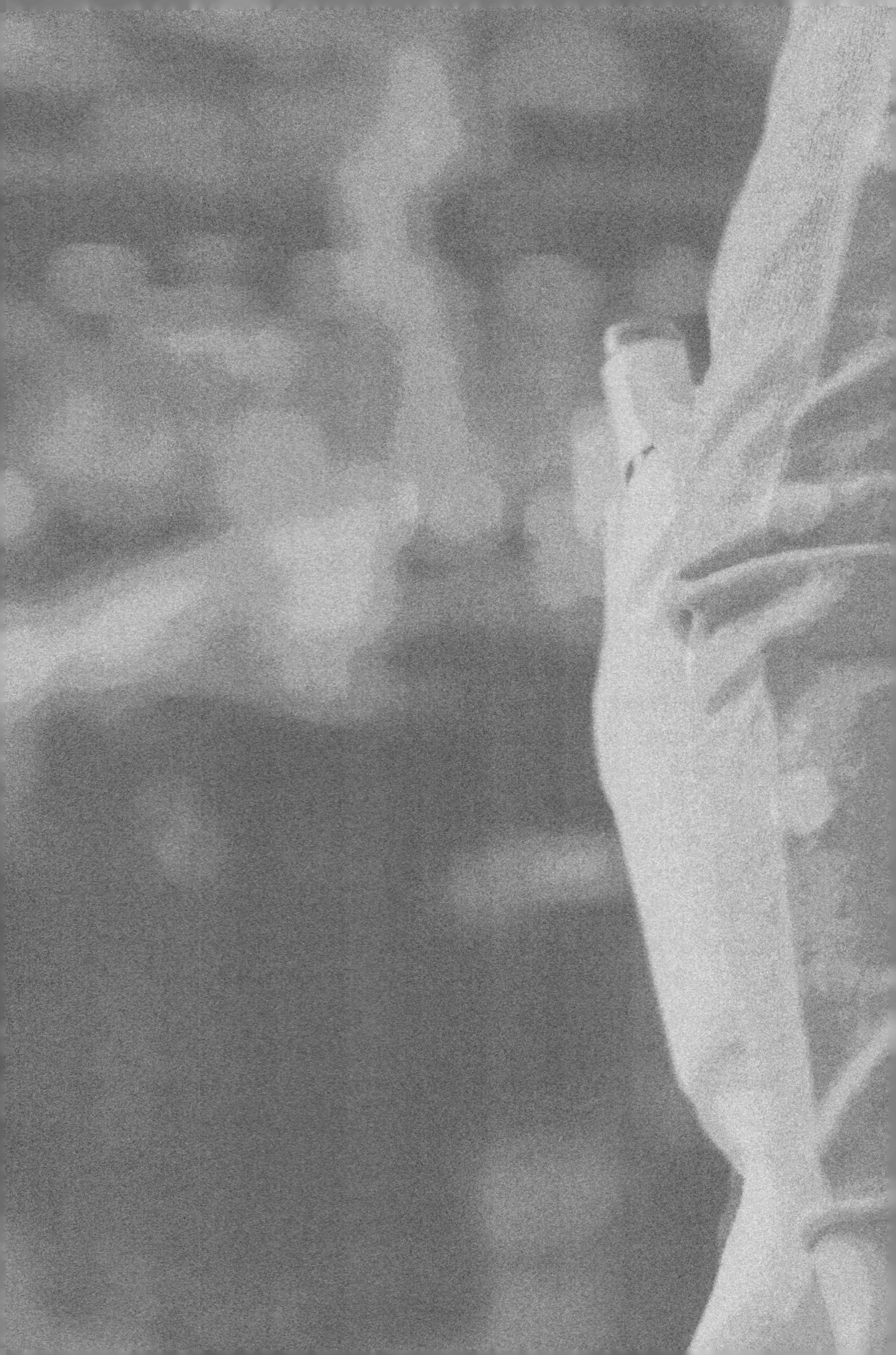

5
Códigos de ética

Conteúdos do capítulo

- Códigos de ética.
- Declaração Universal dos Direitos Humanos.
- Códigos de conduta.
- Sindicatos.
- Valores e desafios do bom comportamento profissional na contemporaneidade.

Após o estudo deste capítulo, você será capaz de:

1. reconhecer a importância dos códigos de ética para o bom exercício profissional;
2. compreender como um código ético bem elaborado traz vantagens não apenas para as categorias profissionais em si, mas também para a sociedade como um todo;
3. ponderar os valores profissionais como fundamento de uma cadeia produtiva responsável e respeitadora dos direitos humanos;
4. entender a influência da Declaração Universal dos Direitos Humanos em códigos de ética específicos;
5. avaliar a importância dos sindicatos a história do direito do trabalho;
6. identificar os desafios da contemporaneidade que dificultam a inserção de uma postura ética que privilegie a honestidade e os valores do bom comportamento profissional;
7. viabilizar caminhos práticos para a inserção do bom comportamento profissional e dos valores éticos.

Em razão da estrutura que nos move como seres sociais, a ética não poderia ser exercida somente com o apoio do bom senso dos indivíduos. Esse raciocínio é válido tanto de maneira mais ampla, considerando a sociedade em suas interações, quanto em contextos mais restritos, como em ambientes de trabalho, igrejas e escolas.

Neste capítulo, analisaremos os códigos que reuniram princípios éticos de diversos âmbitos da realidade humana.

Na sequência, demonstraremos casos em que os conceitos de moralidade e de ética referentes aos direitos humanos e ao bem-estar da sociedade nem sempre se harmonizam com códigos de ética adotados em ambientes específicos. Nesse contexto, enfatizaremos os códigos de ambientes profissionais, os quais estão sujeitos aos ditames das corporações que os concebem. Estudar o comportamento ético profissional em conjunto com os códigos de ética é fundamental para compreendermos as atitudes individuais do ser humano em suas atividades laborais, bem como seu posicionamento em relação ao mundo. Afinal, como agir em um mundo inundado por códigos éticos das mais diversas naturezas?

Entender a dinâmica do ser humano na condição de integrante de um todo, sem que sua individualidade seja extinta e, ao mesmo tempo, preservando o bem-estar de seus pares, fornece-nos um panorama da importância da ética no mundo contemporâneo.

5.1
Códigos de ética

Ainda que outros ambientes ocupacionais exijam uma série de padrões de comportamento registrados em repertórios concebidos especificamente para esses espaços, os códigos de ética são documentos próprios de determinada profissão ou empresa. Eles devem preservar os macrointeresses da corporação relacionados ao atendimento de seus consumidores em suas diferentes demandas; porém seu objetivo principal é determinar diretrizes que atendam à categoria em questão. Em outras palavras, os códigos de ética, por definição, estabelecem normas que regem uma dinâmica de prestação de serviço adequado às necessidades dos consumidores, mas sua principal função é a preservação de um ambiente que viabilize a boa relação entre os profissionais e resguarde os interesses da classe de que fazem parte.

Nesse caso, a visão da deontologia é essencial para analisarmos uma vertente da ética: sua aplicabilidade no ambiente de trabalho. Todo ambiente social tem suas especificidades, e cada área de trabalho responde pela própria deontologia. Cada profissional, na busca por executar sua atividade com excelência, precisa estar atento a cada item dos códigos do setor em que atua.

Convém enfatizar que o conhecimento técnico-teórico não é suficiente para a realização de uma boa atividade laboral. A formação individual adequada, que prima por atitudes corretas, é fundamental no ambiente de trabalho. Nesse contexto, estruturas pessoais e sociais de convivência embasadas na dignidade humana e na cidadania fortalecem os laços para a construção de um ambiente pautado pelas éticas profissional e pessoal.

Além disso, não podemos ignorar que os preceitos cristãos e sua influência escolástica ainda repercutem diretamente nas dinâmicas de interação humana, seja no âmbito pessoal, seja no laboral. A ética, e no caso deste capítulo, a deontologia são diretamente influenciadas por preceitos religiosos ocidentais, criados por classes mais abastadas, que, ainda que se pretendam universais, não podem ser aplicados a toda e qualquer situação, ainda mais no ambiente de trabalho.

Os desafios relacionados ao exercício ético são inúmeros e só podem ser superados por meio da prática da ética, não apenas por um discurso sustentado por códigos bem escritos. Nesse sentido, vamos refletir sobre a situação que segue.

Exemplificando

A greve dos caminhoneiros de 2018 se estendeu por todo o território nacional. A categoria de autônomos da área reivindicava seus direitos em meio a um cenário de reajustes constantes do preço do combustível e da falta de garantia de direitos básicos para o exercício do trabalho.

A priori, a reivindicação de direitos básicos de uma categoria é essencial para um exercício profissional digno, pois a garantia desses benefícios traz benefícios à população como um todo. No entanto, o evento da greve citada causou colapso de abastecimento de supermercados (como podemos ver na Figura 5.1), do transporte de passageiros e de serviços básicos de manutenção da sociedade.

Figura 5.1 Desabastecimento de supermercados pela greve dos caminhoneiros de 2018

> Nesse caso, é importante refletirmos sobre as discrepâncias entre o código de ética do segmento profissional citado e suas demandas, que podem repercutir diretamente no bem-estar da sociedade. Trata-se de uma situação de ordem ética complexa, pois há um dilema entre cuidar dos ditames deontológicos da profissão e defender direitos que a categoria exige.

Quando falamos em *código de ética*, outro conceito a ser abordado refere-se ao **código deontológico**. Como destacamos nos capítulos anteriores, a **deontologia** é a ciência que estuda o dever do profissional no exercício de suas atribuições. Em outras palavras, podemos entendê-la como a ética aplicada.

Normalmente, os códigos de ética são formados por uma tríade de fatores que estudaremos neste capítulo:

Figura 5.2 Tríade dos códigos de ética

```
                Legislação
               vigente no país

                  Códigos
                  de ética

        Leis              Declaração
     trabalhistas         dos Direitos
                            Humanos
```

Com base nesses elementos, podemos sugerir a reflexão apresentada a seguir.

Exercício resolvido

Como avaliar uma categoria que adota um código de ética conivente com atos xenofóbicos no ambiente de trabalho (como críticas a traços de certa cultura, a características linguísticas demarcadamente étnicas de profissionais)?

a) Atos xenofóbicos e de outras naturezas que soem como desrespeito podem ser tolerados se a categoria de trabalho for beneficiada com os pontos sugeridos no código de ética.

b) Nenhum benefício à categoria deve ser utilizado como argumento para o desrespeito aos direitos básicos humanos. Pautas que beneficiem a categoria com base em algum tipo de desrespeito não devem ser inseridas no código de ética.

c) Deve haver um equilíbrio no debate sobre a inserção de pauta que desrespeita direitos humanos, pois, ainda que o faça, a relevância do grupo específico deve ser respeitada em relação aos demais segmentos da sociedade; logo, uma discussão precisa existir.

d) A deontologia pode ser aplicada para que a categoria seja beneficiada de modo que os desrespeitos não sejam expostos e que o bem-estar social seja resguardado de forma mais abrangente.

Gabarito: b

No entendimento deontológico, nenhuma brecha deve ser considerada para que uma categoria fira o direito básico e inerente a qualquer existência humana. O código de ética profissional precisa ser uma extensão dos direitos básicos respaldados pela ética e pela moral determinados pela humanidade no decorrer dos anos. Com base nessa reflexão, podemos avançar para um tema fundamental quando se trata de direitos humanos: a Declaração Universal dos Direitos Humanos.

5.2
Declaração dos Direitos Humanos

A Declaração Universal dos Direitos Humanos (ONU, 1948) é um dos pilares dos códigos de ética. Criada pela Organização das Nações Unidas (ONU) em 10 de dezembro de 1948, preza pela manutenção e pelo registro de direitos básicos comuns a toda a humanidade. John Peters Humphrey, jurista canadense e defensor dos direitos humanos, esboçou a primeira versão da citada carta, com ajuda dos demais componentes da ONU à época. Com a Segunda Guerra Mundial e sua devastação bélica sem precedentes, surgiu a ideia da criação de um novo círculo ideológico que traria novos parâmetros éticos a serem seguidos por todas as nações. Estados Unidos e União Soviética, aproveitando sua emancipação econômica proporcionada pelas consequências da guerra, encabeçaram o projeto que determinava as bases para uma futura paz mundial.

A Conferência de Yalta, promovida na Rússia em 1945, estabeleceu que os conflitos internacionais deveriam ser mediados pela ONU por meio de debates, diminuindo o risco de futuras guerras e criando um acordo em que o diálogo e a paz seriam os nortes da resolução das necessidades futuras das nações.

O documento, que não guarda obrigação legal, serve, não obstante, para o encaminhamento jurídico do Pacto Internacional dos Direitos Civis e Políticos, entre outros documentos.

O que é?

O Pacto Internacional dos Direitos Civis e Políticos, adotado pela Resolução n. 2.200-A da Assembleia Geral das Nações Unidas em 1966, compõe parte da Carta Internacional dos Direitos Humanos. Ele regimenta a garantia de liberdades individuais para cada nação signatária da Declaração Universal dos Direitos Humanos e do Pacto Internacional dos Direitos Econômicos Sociais e Econômicos. Para saber mais a respeito, acesse:

ONU – Assembleia Geral das Nações Unidas. **Pacto Internacional dos Direitos Civis e Políticos**. 16 dez. 1966. Disponível em: <https://www.oas.org/dil/port/1966%20Pacto%20Internacional%20sobre%20Direitos%20Civis%20e%20Pol%C3%ADticos.pdf>. Acesso em: 5 abr. 2021.

Os efeitos práticos da Declaração Universal dos Direitos Humanos podem ser percebidos no decorrer da história do século XX e início do século XXI. O compromisso é claro: os governos vigentes das nações se comprometem com os direitos humanos de seus habitantes.

Eleanor Roosevelt foi uma das principais apoiadoras da Declaração Universal dos Direitos Humanos. Segundo a então primeira-dama estadunidense, o impacto global do documento seria o mesmo que o da Declaração da Independência dos Estados Unidos sobre sua nação. Prosperidade e respeito aos direitos essenciais da população seriam fomentados a partir do documento.

Ainda que não exista uma obrigação legal e universal para a adoção do documento, era claro o consenso entre os governos democráticos sobre sua adoção como regra; por consequência, a carta influenciou a maioria das Constituições nacionais a partir de 1948.

> Considerando que o desprezo e o desrespeito pelos direitos humanos resultaram em atos bárbaros que ultrajaram a consciência da humanidade e que o advento de um mundo em que mulheres e homens gozem de liberdade de palavra, de crença e da liberdade de viverem a salvo do temor e da necessidade foi proclamado como a mais alta aspiração do ser humano comum. (ONU, 1948)

A consolidação da Declaração Universal dos Direitos Humanos demonstra as demandas de uma sociedade e de um tempo que urgiam por uma determinação de direitos básicos a serem seguidos pelos governos e pela sociedade. Tal foi sua repercussão que os códigos deontológicos e de ética criados em seguida passaram a desenvolver seus parâmetros ao longo dos anos tendo como base o texto da carta.

Com todo esse panorama histórico em mente, podemos passar à análise específica dos códigos de ética profissionais.

5.3
Códigos de ética profissionais

O código de ética profissional não é apenas um documento que resguarda direitos do profissional de determinado segmento; é necessária também uma contrapartida social relacionada à sua aplicação. Os códigos dessa natureza precisam adotar como fundamento dois pontos primordiais:

1) direitos que são resguardados ao bom profissional;
2) deveres a serem cumpridos por esse profissional em sua categoria.

No Brasil, alguns códigos de ética são mais conhecidos do que outros, considerando a importância dos serviços dispostos para a sociedade. Como exemplo, temos os códigos das áreas de medicina, enfermagem, psicologia e direito, em específico da Ordem dos Advogados do Brasil (OAB). É importante perceber que o código de ética de medicina passa por constantes transformações, tendo em vista a complexa realidade deontológica da profissão. Vejamos a seguir alguns pontos importantes desses documentos. Observe como eles guardam relação íntima com os valores éticos defendidos no decorrer desta obra, bem como com os preceitos determinadas pela Declaração Universal dos Direitos Humanos.

Código de Ética Médica

A publicação da Resolução nº 2.217/2018 marca o fim de um processo de quase três anos de discussões e análises, conduzido pelo Conselho Federal de Medicina (CFM), cujo resultado visível e esperado pela sociedade era a revisão do Código de Ética Médica (CEM).

O novo texto, em vigor a partir de 30 de abril de 2019, atualizou a versão anterior, de 2009, incorporando abordagens pertinentes às mudanças do mundo contemporâneo. Temas como inovações tecnológicas, comunicação em massa e relações em sociedade foram tratados.

Ressalte-se que ao atender uma necessidade natural e permanente de aperfeiçoamento, a revisão do CEM foi feita sob o prisma de zelo pelos princípios deontológicos da medicina, sendo um dos mais importantes o absoluto respeito ao ser humano, com a atuação em prol da saúde dos indivíduos e da coletividade, sem discriminações.

O novo CEM mantém o mesmo número de capítulos, que disciplinam princípios, direitos e deveres dos médicos. Do conjunto aprovado, há alguns trechos que merecem destaque, como o artigo que estabelece os limites para o uso de redes sociais pelos médicos no exercício da profissão.

Outro ponto relevante se refere às normas que definem a responsabilidade do médico assistente, ou seu substituto, ao elaborar e entregar o sumário de alta. No que tange aos direitos dos médicos, o novo CEM prevê a isonomia de tratamento aos profissionais com deficiência e reforça a necessidade de criação de comissões de ética nos locais de trabalho.

O Código também assegura ao profissional o direito de recusa do exercício da medicina em qualquer instituição (pública ou privada) sem condições de trabalho dignas, colocando em risco a saúde dos pacientes.

Entre as proibições, ficam vedadas ao médico a prescrição e a comercialização de medicamentos, órteses, próteses ou implantes (de qualquer natureza) cuja compra decorra de influência direta, em virtude de sua atividade profissional. A regra reforça o compromisso ético da categoria com o bem-estar e a saúde dos pacientes, coibindo interações com fim de lucro, incompatíveis com os princípios da boa medicina.

Fonte: CFM, 2019, p. 7-8.

Código de Ética de Enfermagem

[...]

O Código de Ética dos Profissionais de Enfermagem leva em consideração a necessidade e o direito de assistência em enfermagem da população, os interesses do profissional e de sua organização. Está centrado na pessoa, família e coletividade e pressupõe que os trabalhadores de enfermagem estejam aliados aos usuários na luta por uma assistência sem riscos e danos e acessível a toda população.

O presente Código teve como referência os postulados da Declaração Universal dos Direitos do Homem, promulgada pela Assembleia Geral das Nações Unidas (1948) e adotada pela Convenção de Genebra da Cruz Vermelha (1949), contidos no Código de Ética do Conselho Internacional de Enfermeiros (1953) e no Código de Ética da Associação Brasileira de Enfermagem (1975). Teve como referência, ainda, o Código de Deontologia de Enfermagem do Conselho Federal de Enfermagem (1976), o Código de Ética dos Profissionais de Enfermagem (1993) e as Normas Internacionais e Nacionais sobre Pesquisa em Seres Humanos [Declaração Helsinque (1964), revista em Tóquio (1975), em Veneza (1983), em Hong Kong (1989) e em Sommerset West (1996) e a Resolução 196 do Conselho Nacional de Saúde, Ministério da Saúde (1996)].

[...]

PRINCÍPIOS FUNDAMENTAIS

A enfermagem é uma profissão comprometida com a saúde e a qualidade de vida da pessoa, família e coletividade.

O profissional de enfermagem atua na promoção, prevenção, recuperação e reabilitação da saúde, com autonomia e em consonância com os preceitos éticos e legais.

O profissional de enfermagem participa, como integrante da equipe de saúde, das ações que visem satisfazer as necessidades de saúde da população e da defesa dos princípios das políticas públicas de saúde e ambientais, que garantam a universalidade de acesso aos serviços de saúde, integralidade da assistência, resolutividade, preservação da autonomia das pessoas, participação da comunidade, hierarquização e descentralização político-administrativa dos serviços de saúde.

O profissional de enfermagem respeita a vida, a dignidade e os direitos humanos, em todas as suas dimensões.

O profissional de enfermagem exerce suas atividades com competência para a promoção do ser humano na sua integralidade, de acordo com os princípios da ética e da bioética.

Fonte: Cofen, 2007, p. 1-2.

Código de Ética do Psicólogo

Toda profissão define-se a partir de um corpo de práticas que busca atender demandas sociais, norteado por elevados padrões técnicos e pela existência de normas éticas que garantam a adequada relação de cada profissional com seus pares e com a sociedade como um todo.

Um Código de Ética profissional, ao estabelecer padrões esperados quanto às práticas referendadas pela respectiva categoria profissional e pela sociedade, procura fomentar a autorreflexão exigida de cada indivíduo acerca da sua práxis, de modo a responsabilizá-lo, pessoal e coletivamente, por ações e suas consequências no exercício profissional. A missão primordial de um código de ética profissional não é de normatizar a natureza técnica do trabalho, e, sim, a de assegurar, dentro de valores relevantes para a sociedade e para as práticas desenvolvidas, um padrão de conduta que fortaleça o reconhecimento social daquela categoria.

Códigos de Ética expressam sempre uma concepção de homem e de sociedade que determina a direção das relações entre os indivíduos. Traduzem-se em princípios e normas que devem se pautar pelo respeito ao sujeito humano e seus direitos fundamentais. Por constituir a expressão de valores universais, tais como os constantes na Declaração Universal dos Direitos Humanos; socioculturais, que refletem a realidade do país; e de valores que estruturam uma profissão, um código de ética não pode ser visto como um conjunto fixo de normas e imutável no tempo. As sociedades mudam, as profissões transformam-se e isso exige, também, uma reflexão contínua sobre o próprio código de ética que nos orienta.

A formulação deste Código de Ética, o terceiro da profissão de psicólogo no Brasil, responde ao contexto organizativo dos psicólogos, ao momento do país e ao estágio de desenvolvimento da Psicologia enquanto campo científico e profissional. Este Código de Ética dos Psicólogos é reflexo da necessidade, sentida pela categoria e suas entidades representativas, de atender à evolução do contexto institucional-legal do país, marcadamente a partir da promulgação da denominada Constituição Cidadã, em 1988, e das legislações dela decorrentes.

Consoante com a conjuntura democrática vigente, o presente Código foi construído a partir de múltiplos espaços de discussão sobre a ética da profissão, suas responsabilidades e compromissos com a promoção da cidadania. O processo ocorreu ao longo de três anos, em todo o país, com a participação direta dos psicólogos e aberto à sociedade.

Este Código de Ética pautou-se pelo princípio geral de aproximar-se mais de um instrumento de reflexão do que de um conjunto de normas a serem seguidas pelo psicólogo. Para tanto, na sua construção buscou-se:

a. Valorizar os princípios fundamentais como grandes eixos que devem orientar a relação do psicólogo com a sociedade, a profissão, as entidades profissionais e a ciência, pois esses eixos atravessam todas as práticas e estas demandam uma contínua reflexão sobre o contexto social e institucional.
b. Abrir espaço para a discussão, pelo psicólogo, dos limites e interseções relativos aos direitos individuais e coletivos, questão crucial para as relações que estabelece com a sociedade, os colegas de profissão e os usuários ou beneficiários dos seus serviços.
c. Contemplar a diversidade que configura o exercício da profissão e a crescente inserção do psicólogo em contextos institucionais e em equipes multiprofissionais.
d. Estimular reflexões que considerem a profissão como um todo e não em suas práticas particulares, uma vez que os principais dilemas éticos não se restringem a práticas específicas e surgem em quaisquer contextos de atuação.

Fonte: CFP, 2005, p. 5-6.

Código de Ética e Disciplina da OAB

O CONSELHO FEDERAL DA ORDEM DOS ADVOGADOS DO BRASIL, ao instituir o Código de Ética e Disciplina, norteou-se por princípios que formam a consciência profissional do advogado e representam imperativos de sua conduta, tais como: os de lutar sem receio pelo primado da Justiça; pugnar pelo cumprimento da Constituição e pelo respeito à Lei, fazendo com que esta seja interpretada com retidão, em perfeita sintonia com os fins sociais a que se dirige e as exigências do bem comum; ser fiel à verdade para poder servir à Justiça como um de seus elementos essenciais; proceder com lealdade e boa-fé em suas relações profissionais e em todos os atos do seu ofício; empenhar-se na defesa das causas confiadas ao seu patrocínio, dando ao constituinte o amparo do Direito, e proporcionando-lhe a realização prática de seus legítimos interesses; comportar-se, nesse mister, com independência e altivez, defendendo com o mesmo denodo humildes e poderosos; exercer a advocacia com o indispensável senso profissional, mas também com desprendimento, jamais permitindo que o anseio de ganho material sobreleve à finalidade social do seu trabalho; aprimorar-se no culto dos princípios éticos e no domínio da ciência jurídica, de modo a tornar-se merecedor da confiança do cliente e da sociedade como um todo, pelos atributos intelectuais e pela probidade pessoal; agir, em suma, com a dignidade das pessoas de bem e a correção dos profissionais que honram e engrandecem a sua classe.

Inspirado nesses postulados é que o Conselho Federal da Ordem dos Advogados do Brasil, no uso das atribuições que lhe são conferidas pelos arts. 33 e 54, V, da Lei nº 8.906, de 04 de julho de 1994, aprova e edita este Código, exortando os advogados brasileiros à sua fiel observância.

Fonte: OAB, 1995, p. 1.

Tendo em vista esses relevantes exemplos da materialização de direitos humanos nos códigos de ética apresentados, podemos dar um passo além e direcionar nossa análise para os deveres do profissional, ou seja, o posicionamento do profissional em seu ambiente de trabalho, o bom encaminhamento de suas atividades e sua postura ética na dinâmica de trabalho.

5.4
Comportamento profissional

Para discorrermos sobre o profissionalismo, os comportamentos individuais de personalidade e cultura e sua relação com o código de ética, podemos estabelecer a relação entre a ética e a norma, que, por sua vez, constituem-se na deontologia, fundamental para a ética profissional.

O que é?

Ética: etimologicamente, o termo vem de *ethos*, que significa "morada". Nesse caso, estamos lidando com a ideia de "lugar" em seu sentido mais abrangente: trata-se da determinação de um ambiente que ultrapassa o limite físico e se instala, por exemplo, no conceito de local que acolhe a alma humana. Essa moradia metafórica denota a essência do *ethos*: o mundo passa a ser o lugar habitável não apenas pelas suas características físicas e ambientais, mas também por sua ideia de pertencimento.

Norma: palavra originária do latim (significando "esquadro, regra, norma, modelo padrão" – IAH, 2021), a norma é uma regra a ser respeitada. Normalmente utilizada no âmbito jurídico, a norma contrariada pressupõe uma infração. Seu descumprimento não acarreta só implicações de ordem legal – ela também pode desencadear o julgamento social, por tal postura ir contra, justamente, um *modus operandi* a ser seguido irrestritamente.

Com base nos dois conceitos apresentados, vamos analisar uma situação que auxiliará os estudos relacionados ao comportamento profissional.

Exercício resolvido

Compreendemos que a deontologia é uma expressão ética, formada por um conjunto de normas que criam um cenário propício para o bom exercício profissional.

Vamos visualizar um ambiente de trabalho cuja dinâmica envolve o desrespeito contínuo às mulheres. Um sujeito é contratado para atuar nessa empresa e percebe que a "normalidade" laboral passa pelo constrangimento constante de sua nova colega de trabalho e pelo desrespeito à ética, ainda que o código de ética da organização seja totalmente avesso a esse tipo de comportamento. Qual postura, nesse contexto, revela bom comportamento profissional?

a) O profissional precisa entender que o respeito a todos os conceitos de moralidade e de ética são utópicos, devendo se encaixar no contexto proposto em seu ambiente de trabalho em que agora atua.

b) O bom comportamento profissional não se configura pelo respeito irrestrito a todas as ideias propostas pelos códigos de ética ou mesmo pelos conceitos de moralidade e de ética da sociedade como um todo.

c) O profissional deve adequar-se ao modelo de normalidade de seu trabalho, a despeito das prescrições deontológicas envolvidas nesse caso. Além disso, a ética muda à medida que os anos avançam.

d) O bom comportamento profissional passa pelo respeito aos valores humanos em qualquer situação, ainda que essa postura quebre o *status quo* desse local, que perpetua comportamentos indecentes e constrangedores em relação às trabalhadoras da empresa.

Gabarito: d

Ainda que pareça uma resposta bastante óbvia, é importante ressaltar, principalmente na contemporaneidade, que a manutenção de valores inalienáveis do bem-estar humano é fundamental. A ética, baseada no bem-estar social e na convivência harmoniosa entre os pares, precisa conceber constantemente novos modos de defender os valores humanos.

No caso descrito, que trata de um ambiente de trabalho eticamente negativo, o profissional egresso não pode levar em conta o *status quo* e tampouco os valores equivocados de seus companheiros de trabalho e a "cultura" que instauraram, embasados em preconceitos extremamente arraigados em certos segmentos da sociedade. Ele deve pautar-se por dois fundamentos: a ética social, que determina que nenhum ser humano pode ser vítima de qualquer tipo de preconceito e assédio, e o código de ética da empresa, que, de modo geral, determina que todos os profissionais devem ser tratados de maneira igualmente respeitosa e ética.

5.5
Valores do bom comportamento profissional

Os profissionais do segmento de recursos humanos são os que normalmente estudam os comportamentos considerados bons ou maus, levando em consideração a relação entre os ambientes social e laboral. Alguns pontos são importantes na definição de uma conduta não aceitável em um ambiente de trabalho, independentemente de qual seja o perfil, como veremos na seção a seguir.

Para saber mais

CREPÚSCULO dos deuses. Direção: Billy Wilder. EUA: Paramount Pictures, 1950. 110 min.

Assista ao filme *O crepúsculo dos deuses*. Nele, dois personagens se aproveitam de suas mentes adoecidas para adotar métodos que ultrapassam a boa relação profissional. Norma Desmond é uma atriz que sofre com o ostracismo; apesar de sua fortuna e da dedicação profissional em seus tempos de auge, não consegue mais papéis por conta da mudança dos filmes mudos para os sonoros.

Joe Gillis, jornalista em apuros financeiros, aceita escrever um roteiro para a atriz. De início, a relação dos dois não apresenta, necessariamente, uma escala comportamental nociva, mas o abuso profissional entre ambos é um fator que interferirá na interação dos dois, que porventura desenvolvem um romance.

5.5.1
Mau comportamento profissional

No contexto empresarial, podemos encontrar comportamentos profissionais nocivos, entre os quais citamos os seguintes:

- **Desorganização**: ainda que a empresa não estipule metas para seus funcionários, as atividades normalmente são organizadas para que a equipe entregue um bom trabalho para o empreendimento. A desorganização, nesse caso, afeta o desempenho do profissional, que, de modo geral, não consegue atender aos objetivos diretos (ou indiretos) da organização.

- **Faltas e atrasos**: o colaborador que incorre em excesso de faltas e atrasos tende a perder a credibilidade, pois, ainda que entregue um bom trabalho enquanto desempenha seu papel na empresa, cria uma imagem de falta de credibilidade, haja vista que não cumpre com compromissos básicos, de presença e de pontualidade, que a organização determina.
- **Falta de respeito com os colegas de trabalho e/ou líderes**: muitos profissionais passam a maior parte do dia no trabalho, o que demanda um cuidado extra com o bem-estar entre as pessoas que compõem a equipe. Aquele que atenta contra essa necessidade sendo grosseiro, impaciente, agressivo, assediador, está interferindo diretamente no ambiente da empresa. O indivíduo com esse perfil normalmente apresenta desapego quanto à empatia, à solidariedade, ao senso de coletividade e, portanto, seu senso ético é profundamente comprometido.
- **Apresentação pessoal inadequada**: não podemos confundir a simplicidade de trajes com a falta de asseio e cuidado pessoal. O problema em questão passa pelo campo da higiene pessoal e dos cuidados com a limpeza e com o alinho da vestimenta, além da linguagem e do respeito para com o próximo.
- **Falta de motivação**: os novos ideais de mercado não permitem que o profissional se motive apenas por impulsos externos e ideais pouco reais de desenvolvimento de seu serviço. O perfil profissional proativo é

considerando um dos diferenciais de quem tem em si características de um bom comportamento profissional.
- **Inabilidade para lidar bem com conflitos**: conflitos vão existir em qualquer ambiente de mínima interação. É papel do líder e do bom profissional ter a sabedoria para lidar com conflitos.

5.5.2
Bom comportamento profissional

A seguir, apresentamos os bons comportamentos profissionais:

- **Utilidade das ações**: o profissional deve pautar suas atividades e interações pela relevância e não se ater a banalidades em um ambiente que precisa ser fundamentado no profissionalismo.
- **Empreendedorismo**: *empreender* é o verbo que movimenta o mundo profissional na contemporaneidade. O espírito empreendedor costuma gerar frutos para o funcionário dele imbuído no ambiente de trabalho; trata-se de uma característica que cria um vínculo importante entre o colaborador e as lideranças da empresa.
- **Flexibilidade**: a globalização criou uma demanda por profissionais dispostos a tomar riscos e testar novas ideias; a flexibilidade é um comportamento fundamental para uma boa conduta profissional na atualidade.
- **Inteligência emocional**: ter uma boa gestão das emoções e dos sentimentos é essencial para a boa execução do trabalho. Estresse e conflitos são naturais no ambiente de trabalho e em qualquer interação social, portanto é

característico de um bom profissional manter a saúde mental.

- **Comprometimento**: o profissional deve manter-se isento de qualquer traço de monotonia e má vontade. O exercício adequado das atribuições de um profissional pressupõe dedicação e desejo de fazer a empresa se desenvolver constantemente.

Ainda que nem todas as boas práticas profissionais tenham sido abordadas, é importante ressaltar que os pontos tratados representam os parâmetros de um comportamento em que prevalece a ética e o cuidado com o bem-estar social. Além disso, é importante ressaltar que, por mais que tenhamos tratado de características de natureza individual, na conduta profissional deve prevaler a ideia de união e coletividade no ambiente de trabalho, formando um todo fundamentado em bons direcionamentos e perspectivas válidas para os que formam o quadro de trabalho.

Para saber mais

UM SENHOR estagiário. Direção: Nancy Meyers. EUA: Warner Bros., 2015. 121 min.

A comédia gira em torno de um aposentado de idade avançada que busca ingressar novamente no mercado de trabalho. Sua difícil adaptação aos novos aparelhos tecnológicos logo são postos de lado, tendo em vista seu comportamento exemplar, que revela o interesse constante em aprender e criar interações e ações de trabalho que fazem a diferença, tanto para sua vida pessoal quanto para a visão de seus colegas de trabalho e de seus líderes.

5.6
Desafios do comportamento profissional na modernidade

Em meio à mudança de paradigmas promovida pela globalização massiva, pela digitalização dos meios de comunicação e pela emancipação de todas as classes sociais com acesso à internet, desafios "invisíveis" começaram a surgir. Como a rede mundial de computadores e suas redes sociais se tornaram as principais fontes de informação de parcela significativa da humanidade, novos critérios de interação humana foram sendo concebidos e novas demandas para a manutenção do comportamento ético e profissional se fizeram presentes nos ambientes de trabalho.

Como já indicamos neste obra, em 2019, 79% das pessoas se informaram pelas redes sociais, em especial pelo WhatsApp (Pesquisa..., 2019). À medida que as redes passaram a ter um papel cada vez mais determinante na vida das pessoas, era esperada a mudança de comportamento da humanidade nestas últimas décadas.

Considerando os dados da Câmara dos Deputados e do Senado Federal anteriormente citados, percebemos que os desafios correspondem à influência da falta de materialidade característica da realidade atual. Podemos entender que, em um ambiente de trabalho, uma pessoa que tem um comportamento profissional inadequado tem suas ações avaliadas em um âmbito de espaço-tempo físico. Na atualidade e na modernidade líquida, a internet dita os parâmetros do que deve ser ou não visto pelas outras pessoas; suas ações são criadas e formatadas a partir de interações nas redes sociais, e seus comportamentos nesses ambientes são mais observados do que nunca.

A virtualidade das interações e atividades na internet tornou certas relações mais complexas e voláteis, incluindo o vínculo com a realidade. Nesse contexto, a criação de conteúdos também foi comprometida, pois os conceitos de real e de verdade se tornaram mais difíceis de verificar, problema que atingiu, inclusive, os ambientes de trabalho. Um exemplo da repercussão dessa nova dificuldade é a disseminação de notícias falsas, um dos grandes desafios associados ao comportamento de trabalho moderno.

Elemento propulsor de uma nova divisão de entendimento deontológico, há registros (ou faltam) de *sites* que fomentam a população a acreditar em "fatos" ou notícias concebidas para alimentar as frustrações de certas parcelas da sociedade, submissas a um sistema montado em cima da opressão. A criação de uma corrente que se baseia na disseminação de mentiras não tem origem apenas em um comportamento profissional impulsionado pela falta de noção de bem-estar coletivo, mas pelo desejo de obter benefícios em meio a um sistema opressor, que conduz o trabalhador a se submeter a uma cadeia adoecida de mentiras.

A Figura 5.3 mostra um ciclo que pode ser aplicado no combate constante às *fake news*. Ele pode ser utilizado em todos os ambientes em que mentiras estejam sendo empregadas para criar um ambiente de trabalho insidioso.

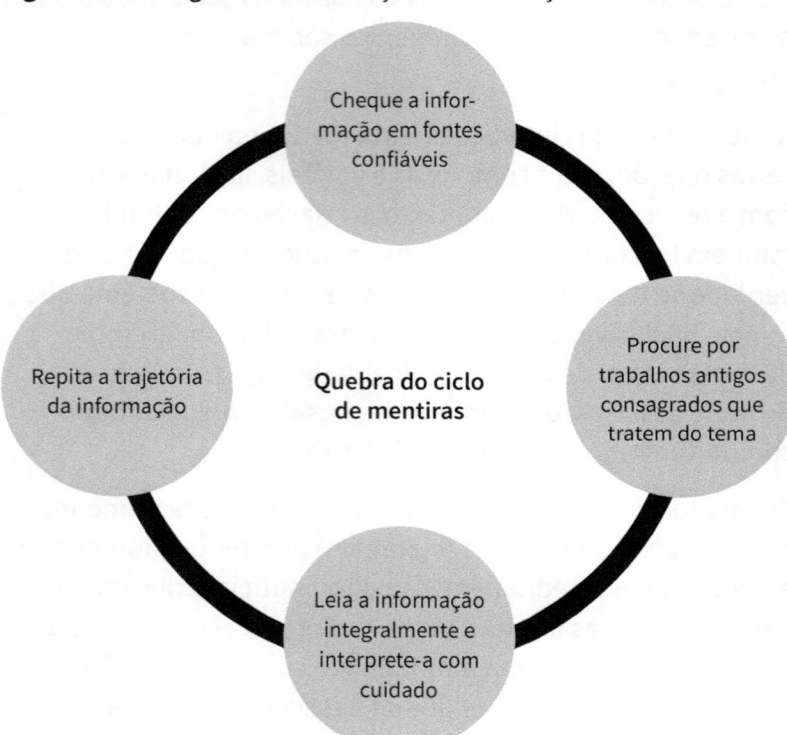

Figura 5.3 Fluxograma de verificação de informações

- Cheque a informação em fontes confiáveis
- Procure por trabalhos antigos consagrados que tratem do tema
- Leia a informação integralmente e interprete-a com cuidado
- Repita a trajetória da informação

Quebra do ciclo de mentiras

A resolução de problemas trazidos por essas correntes de informações enganosas não é fácil. Desenredar uma notícia falsa e argumentar pode enfurecer pessoas que hoje se enxergam como beneficiários de um sistema falho e que extraem vantagens dessa nova realidade do mundo das comunicações. Apesar da dimensão do problema e da relativa facilidade de se encontrar os grandes disseminadores de notícias falsas, qualquer medida que vise à sua punição pode ser vista como um método de inversão de papéis.

Nos Estados Unidos, uma pesquisa da Universidade de Stanford com alunos de ensinos fundamental e médio e de faculdades revelou que a maioria dos participantes é incapaz de diferenciar notícias produzidas por fontes confiáveis de anúncios e informações falsas (Avelar, 2016).

Entendendo essa dinâmica como um fenômeno que ultrapassa os limites do comportamento profissional ético ou moral, a solução mais efetiva para mitigar os efeitos desse ambiente de desinformação consiste em uma autoeducação eficaz que, com o tempo, alcance o maior número de pessoas possível, independentemente de sua formação cultural, ideológica e política. Obviamente, a produção de informações falsas não ocorre simplesmente por vantagens materiais – muitas vezes, as *fake news* coincidem com valores arraigados em indivíduos e coletividades, alimentando suas crenças, validando suas próprias verdades, catalisando seus impulsos mais violentos.

É por isso que todo profissional deve guiar-se por uma clareza do verdadeiro exercício democrático de informações, não apenas no campo da comunicação social, mas também em seu ambiente de trabalho, que exige a troca verdadeira de informações e da verdade em seu mais elevado significado ético.

É necessário ressaltar que o combate às *fake news* e aos maus hábitos de comportamento profissional não deve ser fundamentado por orientações partidárias de qualquer espécie, mas pelo exercício ético e deontológico da convivência harmoniosa e da busca pelo bem-estar coletivo. Portanto, o trabalho a ser feito por todos aqueles que prezam por um bom comportamento profissional é o de conscientização sobre as possibilidades e os desafios que foram fomentados pela internet, além da defesa dos direitos básicos de todos os profissionais.

Com todo esse panorama relevante relacionado aos códigos de ética e suas implicações nos ambientes de trabalho das mais diversas categorias profissionais, podemos agora tratar de um assunto delicado relacionado à questão deontológica das mais diversas áreas profissionais, do Brasil e do mundo: a formação de sindicatos para o apoio aos trabalhadores.

5.8 Sindicatos

Os sindicatos constituem-se em organizações extraoficiais que prestam apoio a categorias profissionais, caracterizados pela mobilização profissional para a exigência e o fomento de direitos trabalhistas. Podem ser considerados como associações formais de trabalhadores das áreas de serviços e de produção industrial e rural, bem como de serviços estatais prestados à sociedade (educação, saúde, segurança etc.).

São estabelecidos quando da constatação de problemas relacionados a demandas trabalhistas que precisam de intervenção jurídica para sua resolução, criando uma mediação entre trabalhador e empresário. No Brasil, há, na atualidade, aproximadamente 16,9 mil sindicatos ativos; dessa porcentagem, 50% estão ligados a centros sindicais (Lázaro Jr, 2019).

O que é?

De acordo com Houaiss (IAH, 2021), a palavra *sindicato* tem a seguinte etimologia:

síndico + -ato, pelo fr. syndicat (1409 sob a f. scindicat) "crítica, julgamento", (1477-1483) "cargo ou função de síndico", (1549) "exercício da função de síndico", (1514) "associação que tem por objetivo a defesa dos interesses comuns", (1730) "associação que tem por finalidade a defesa dos interesses profissionais" < syndic no sentido de "síndico"; f.hist. 1881 syndicato; 1881 é a data para as acp. de B no sentido de "função" e "exercício de síndico", e 1899, para as acp. "companhia" e "especulação".

Portanto, o próprio termo já especifica o objetivo da organização, que é o de defender determinada causa. Muito associada à luta, a associação sindical tem por prioridade a defesa de segmentos profissionais que necessitam de ajuda em contendas jurídicas com empregadores.

A ideia de coletividade deve sempre ser a base das mobilizações sindicais. Ainda que essas organizações contem com líderes, estes devem representar o povo por meio de sua voz e de suas ações. Entretanto, ainda que esse propósito nobre devesse pressupor o respeito geral da sociedade aos grupos sindicais, existe um estigma comum sobre essas associações, que, muitas vezes, são vistas como objeto de polarização político-ideológica. Vamos tentar entender esse fenômeno.

A priori, resgatando o passado e a origem da luta sindical, precisamos lembrar da Lei de Le Chapelier, de 14 de julho de 1791, que visava à erradicação de movimentos sindicais:

1) A aniquilação de todas espécies de corporações de cidadãos do mesmo estado ou profissão, sendo uma das bases fundamentais da constituição francesa, são proibidas de serem restabelecidas de fato, sob quaisquer pretexto e forma que seja.

2) Os cidadãos de um mesmo estado ou profissão, os empresários, os que tem loja aberta, os trabalhadores e companheiros de uma arte qualquer não poderão, quando se encontrarem reunidos, nomear-se nem presidente, nem secretários, nem síndicos, manter registros, tomar decisões e deliberações, formar regulamentos sobre seus pretendidos interesses comuns.

3) É proibido a todos os corpos administrativos ou municipais de receber qualquer carta ou petição para denominação de um estado ou profissão, de lhe dar alguma resposta; e lhes é ordenado que declarem nulas as deliberações que possam ter tomado desta maneira, e de velar zelosamente para que não lhe seja dada nenhuma sequência nem execução.

4) Se, contra os princípios da liberdade e da constituição, cidadãos ligados às mesmas profissões, artes e negócios, tomaram deliberações ou fizeram entre si convenções tendendo a atribuir um só preço determinado como garantia de sua indústria ou de seus trabalhos, as ditas deliberações e convenções, acompanhadas ou não de juramento, são declaradas inconstitucionais, atentatórias à liberdade e à declaração dos direitos do homem, e nulas de efeito; os corpos administrativos e municipais serão obrigados a declará-las assim. Os autores, chefes e instigadores, que as provocaram, redigiram ou presidiram, serão citados perante o tribunal de polícia, à requisição do procurador da comuna, condenado cada um a uma multa de 500 livres, à suspensão dos direitos de cidadão ativo durante um ano e de participar de todas as assembleias primárias.

5) É proibido a todos os corpos administrativos e municipais, sob pena de seus membros responderem pessoalmente, de empregar, admitir ou aceitar que se admita nas obras de suas profissões em quaisquer trabalhos públicos, estes

empresários, trabalhadores e companheiros que provocaram e assinaram as ditas deliberações ou convenções, a não ser no caso em que, por iniciativa própria, eles tenham se apresentado ao escrivão do tribunal de polícia para se retratar ou negar.

6) Se as ditas deliberações ou convenções, avisos afixados, circulares, contenham quaisquer ameaças contra os empresários, artesãos, trabalhadores e jornaleiros estrangeiros que venham trabalhar no lugar, ou contra aqueles que se contentavam com um salário inferior, todos os autores, instigadores e signatários dos atos e escritos, serão punidos com uma multa de 1000 livres cada um e três meses de prisão.

7) Aqueles que faziam uso de ameaças ou de violências contra os trabalhadores usando da liberdade assegurada pelas leis constitucionais ao trabalho e à indústria, serão perseguidos pela via criminal e punidos segundo o rigor das leis, como perturbadores do sossego público.

8) Toda reunião composta de artesãos, trabalhadores, companheiros, jornaleiros, ou provocado por eles contra o livre exercício da indústria e do trabalho facultado a toda sorte de pessoas, e sobre toda espécie de condições conveniadas amigavelmente, ou contra a ação da polícia e execução dos julgamentos pronunciados nesta matéria, serão tidos por agrupamentos sediciosos e, como tais, serão dispersados pelos depositários da força pública, sobre as requisições legais lhe serão feitas, e punidos de acordo com todo o rigor das leis sobre os autores, instigadores e chefes dos ditos agrupamentos, e sobre todos aqueles que cometeram violência por vias de fato e de atos. (UFMG, 2021)

As lutas sindicais eram associadas ao estigma das lutas clandestinas. Impingindo a pecha de baderneiros ou mesmo de interventores da ordem àqueles que se organizavam em prol de melhores condições de trabalho ou do questionamento do *status quo* que prevalecia diante da situação laboral da época, os juristas tentaram esmagar esses movimentos com mão de ferro.

Os sindicatos, no decorrer de sua história, criaram uma associação íntima com os movimentos sociais e estabeleceram diversas maneiras de exercer sua influência, organizando-se e atuando em prol de inúmeras categorias. Os grupos sindicais costumam realizar suas demandas em manifestações, atentando sempre para o constante incômodo das classes trabalhadoras pela falta de manutenção dos direitos básicos e para o avanço da garantia de benefícios para os segmentos profissionais.

Nesse cenário, não podemos perder de vista segmentos de atividades que são prestigiados e que normalmente têm suas demandas atendidas sem grandes embates, como os profissionais das áreas da medicina e do direito. Outras categorias, no entanto, como a de transporte de cargas, só conseguem manifestar a representatividade de que precisam quando criam grupos que defendem com veemência seus direitos e lutam pelos benefícios de que julgam ser merecedores, ainda que suas demandas tragam transtornos para outros segmentos da sociedade.

Ainda quanto ao estigma que recai sobre os sindicatos, pensemos no caso brasileiro: o viés ideológico dos grupos sindicais no país é fortemente marcado por ideais populistas associados a encaminhamentos progressistas. No cenário nacional, existe uma rejeição muito forte à partidarização dos sindicatos, fenômeno que deu origem a figuras como o ex-presidente Luiz Inácio Lula da Silva, que surgiu como um dos principais nomes do sindicalismo antes de sua ascensão política e da de seu partido: o Partido dos Trabalhadores (PT).

Para saber mais

LULA: o filho do Brasil. Direção: Fábio Barreto. Brasil: Globo Filmes, 2009. 130 min.

O filme biográfico do ex-presidente Lula relata os anos iniciais da trajetória do sindicalista até sua emancipação política. A produção é importante para o entendimento do *modus operandi* dos sindicatos e como essas organizações serviram de plataforma social e política para a criação da *persona* do político.

Durante o período da ditadura militar, o ex-presidente liderou considerável parte das greves de operários no ABC Paulista e ajudou a fundar o maior representante político da ideologia de esquerda, o PT. A associação entre trabalho e defesa dos direitos básicos do trabalhador brasileiro gerou profunda polarização política desde sua chegada à presidência do país, que durou de 2003 a 2011, até os escândalos de corrupção que fizeram parte de sua trajetória política. Daí a associação permanente de seu impacto na sociedade: sua estrada sindical e política, indissociável de sua história, faz com que esses dois aspectos de seu trabalho se confundam, acirrando a rejeição que muitos brasileiros alimentam contra o movimento sindical. Considerando tal ideia, podemos analisar a situação proposta na atividade a seguir.

Exercício resolvido

A histórica dos sindicatos de trabalho é associada a algumas linhas ideológicas e correntes políticas de via progressista, de esquerda. Entretanto, pela comunhão da sociedade, que preza, em geral, pelo bem-estar daqueles que realizam as mais diversas atividades em seu âmbito, é predominante a ideia de que é necessário um órgão que esteja disposto a defender o direito de toda e qualquer classe social. O sindicato ocupa tal função.

Diante das ideias de polarização dessa atividade essencial e de sua associação ideológica e política, qual avaliação podemos fazer sobre o posicionamento do cidadão em relação ao sindicato?

a) O cidadão precisa refutar veementemente a ideia de um sindicato que represente seus direitos trabalhistas. A defesa desses benefícios deve partir do próprio trabalhador, sem a necessidade da criação de grupos de trabalhadores com esse intento.

b) O cidadão precisa engajar-se na luta sindical e aproximar-se da ideologia política relacionada para que seja beneficiado de maneira direta pelas lutas estabelecidas ao longo dos anos pelos líderes sindicais.

c) O cidadão precisa ter uma participação ativa na luta por seus direitos, cobrando dos sindicatos sua intervenção no que lhes compete. No entanto, os interesses do sindicato e o apoio deste aos sindicatos não precisam estar associados a ideais partidários.

d) O cidadão deve promover a criação de microssindicatos para exigir seus direitos. O sindicalismo não ocupa mais um espaço de intervenção honesta diante dos direitos dos trabalhadores e precisa ter "concorrência" da população.

Gabarito: c

Ainda que existam ligações partidárias ou ideológicas nos sindicatos, o cidadão não pode refutar sua intervenção ou seus benefícios em relação à preservação de direitos básicos do trabalhador. A politização do grupo defensor dos direitos básicos precisa ser evitada e deve passar pelo monitoramento do trabalhador.

Síntese

- O código de ética é a documentação da ética aplicada a uma categoria profissional.
- Os códigos de ética também podem ser aplicados a ambientes não laborais, como no campo da espiritualidade e/ou da religião.
- A escolástica e os preceitos cristãos ainda têm muita influência na avaliação do que é certo ou errado sobre preceitos éticos e morais de uma sociedade.
- A modernidade líquida e a digitalização do mundo trouxeram novos arranjos sociais e criaram mais demandas conflitantes para o bom exercício profissional e o bom comportamento nos ambientes de trabalho.
- As *fake news* podem ser consideradas sintomas de uma cultura massiva do mau comportamento profissional, uma vez que a disseminação de mentiras tem papel preponderante na cultura antiética.

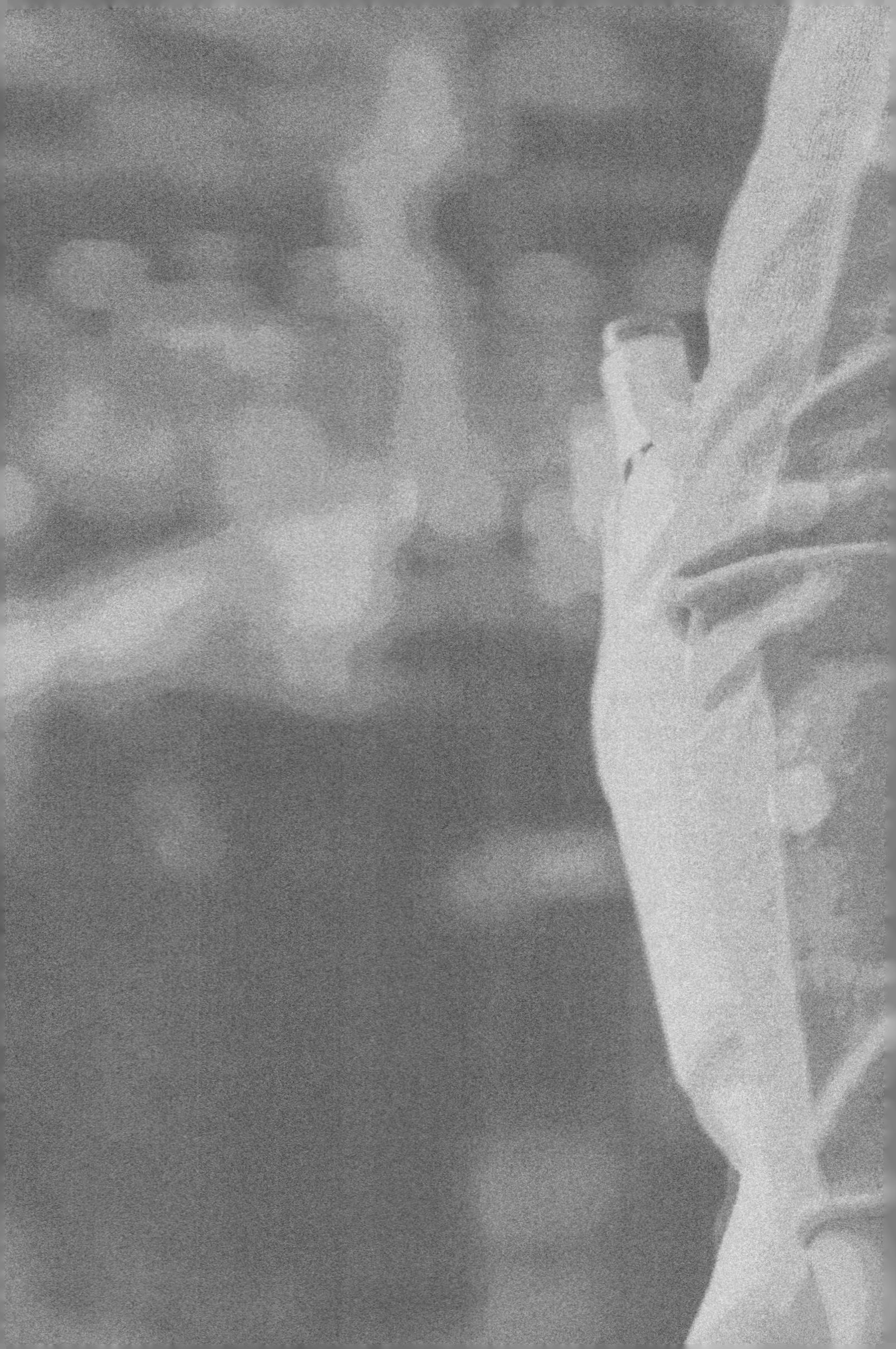

6
Questões atuais de ética

Conteúdos do capítulo

- Questões contemporâneas de propaganda.
- Questões de consumo nos dias atuais.
- Desafios para a publicidade e propaganda nos próximos anos.
- Mudanças no panorama da ética na atualidade.
- Reflexões sobre ética e consumo.

Após o estudo deste capítulo, você será capaz de:

1. identificar as principais correntes filosóficas que fundamentam as novas identidades de consumo e ética nos dias atuais;
2. avaliar as mudanças significativas de ética e consumo trazidas pelas novas tecnologias;
3. reconhecer como a emancipação de classes sociais antes desassistidas foi fundamental para a mudança de cenário do consumo e da publicidade e propaganda nos últimos anos;
4. analisar os desafios propostos pelas novas formas de consumo e pelo novo público criados pela publicidade e propaganda;
5. propor soluções para as novas demandas criadas pelas novas categorias de consumo e de publicidade e propaganda;
6. identificar os desafios que trazidos pela modernidade líquida;
7. planejar *cases* e novas propostas que atendam a demandas modernas de consumo baseadas em fórmulas ultrapassadas de publicidade e propaganda.

Este capítulo finaliza os nossos estudos desta obra. Por certo, essa trajetória nos levou a conceituações históricas sobre as determinações éticas e filosóficas fundamentais para o bom convívio social. Para concluirmos o conteúdo, trataremos das repercussões sociais, psicológicas, culturais e fenomenológicas da publicidade e da propaganda na sociedade contemporânea.

O mote desta parte do texto estrutura-se nos conteúdos dos Capítulos 4 e 5: a internet foi um marco para a consolidação da modernidade líquida e para a digitalização dos meios sociais e, consequentemente, de consumo. Novos limites éticos foram estabelecidos, com a emancipação de classes sociais antes desassistidas e tratadas como invisíveis por uma linha ideológica que endossava pensamentos conservadores e de exclusão.

Com esses conceitos devidamente explorados, podemos agora nos concentrar no consumo contemporâneo, que passa pela inserção e pela consolidação das discussões de identidade de gênero e das pautas da comunidade LGBTQIA+, bem como pela inclusão e integração de classes menos favorecidas nas mais diversas relações de consumo. À medida que as novas demandas sociais estão sendo, em diferentes níveis, cumpridas ou não, novos conceitos filosóficos surgem dessas dinâmicas justamente para dar conta do entendimento sobre esses novos arranjos sociais.

Portanto, na conclusão deste livro, pretendemos rever todos os conceitos estudados para fomentar novas questões, evidenciando perspectivas atuais de ética e de consumo na propaganda e na publicidade.

6.1
O debate atual da ética

Exemplos práticos podem nos ajudar a entender os grandes desafios da ética nos dias atuais em uma perspectiva mercadológica. Dalton Pastore (2017) identificou uma problemática que dá o tom das novas demandas desses dois âmbitos da realidade atual:

> A recente iniciativa do Conselho Nacional de Autorregulamentação Publicitária (Conar) e do Conselho Executivo das Normas-Padrão (Cenp) para auxiliar professores de comunicação e marketing a ensinar aos seus estudantes os conceitos da autodisciplina, das regras e das normas que regem o setor de publicidade e propaganda é um exemplo muito bem-vindo. (Pastore, 2017, p. 1)

Uma palavra citada por Pastore (2017) revela um dos sintomas determinantes da mudança de paradigma dos conceitos de ética da atualidade: *autodisciplina*. Não necessariamente pela palavra como um todo, mas pela ideia do sufixo *auto*, que pressupõe autonomia, conceito fundamental nas novas relações de ética nos contextos social e profissional. Se trouxermos o conceito de ética para o lado social, mudanças significativas ocorreram, na medida em que pautas progressistas se tornaram um dos recursos de defesa dos direitos humanos.

Relembremos o conceito de deontologia: forma de autorregulação que, por muito tempo, foi fundamentada em preceitos cristãos, que, no contexto social ocidental, sempre foram considerados consonantes com os conceitos de moral. Nesse contexto, esses valores tinham influência deontológica como uma salvaguarda dos comportamentos profissionais.

Por muito tempo, as pautas conservadoras foram fundamentais para a moralidade e a ética. Esse cenário mudou com a inserção de questões mais diversas e humanas, emancipando novas formas de pensamento sobre temas outrora monolíticos. Nesse sentido, a figura a seguir mostra os valores que contemplam a ideia de ética. Na sequência, vamos demonstrar como esses conceitos eram interpretados no decorrer da história e como eles se desenvolvem na atualidade.

Figura 6.1 Conceitos fundamentais para a formação da ética

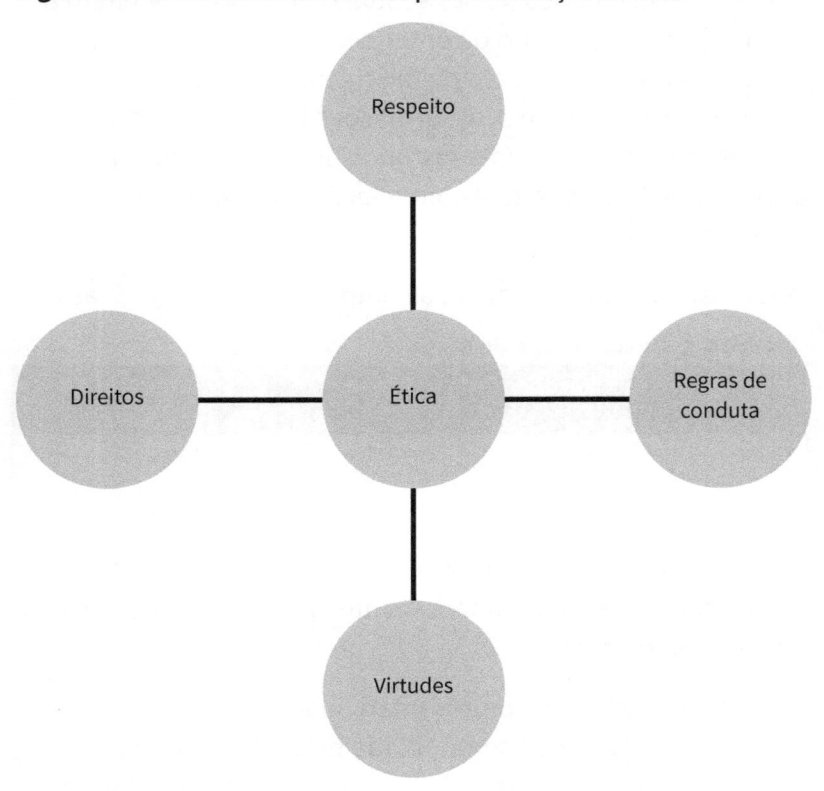

```
              Respeito
                 |
                 |
  Direitos ---- Ética ---- Regras de conduta
                 |
                 |
              Virtudes
```

Considerando que o conceito mais simplificado de ética pressupõe a busca pelo bem-estar cotidiano ao maior número de pessoas possível; no nosso caso, esse raciocínio estende-se a toda a nação brasileira em todos os seus espectros sociais, atuando principalmente na questão da equalização social e sua influência direta na evolução da sociedade em seus aspectos sociais, éticos e culturais.

Por exemplo, estudos realizados pelo Instituto Brasileiro de Geografia e Estatística (IBGE) ao longo dos anos revelaram a dificuldade do brasileiro de entender suas origens, criadas em um complexo processo de miscigenação. Essa ausência de reconhecimento de suas formações raciais e identitárias também é um sintoma histórico dos problemas que a sociedade brasileira tem com relação aos conceitos de respeito e de ética.

Vejamos, no quadro a seguir, a composição étnica do Brasil:

Quadro 6.1 Quadro étnico do Brasil

Brancos	Pardos	Pretos	Amarelos e indígenas
42,7%	46,8%	9,4%	1,1%

Fonte: Elaborado com base em IBGE, 2021a.

Você sabia que, de acordo com pesquisa divulgada pelo *G1* (Silveira, 2019), aproximadamente 32,2% dos brasileiros se declararam pretos?

Ainda assim, com uma representatividade declarada que aumenta a cada ano, a comunidade preta do Brasil sofre diariamente com um sem-número de restrições e violências, inclusive nas relações de consumo: por anos, pessoas negras eram expostas ao racismo por meio de propagandas em que homens e mulheres pretos eram retratados de maneira jocosa, como podemos observar na figura a seguir.

Figura 6.2 Propaganda racista

Florilegius / Alamy / Fotoarena

Pensando que os conceitos de ética e de moralidade foram claramente deturpados por séculos pelas correntes filosóficas desenvolvidas no Ocidente, as quais, e por muito tempo, defenderam uma cultural superior, ou mesmo uma alta cultura, conservadora, cristã, avessa às religiões de matrizes africanas, associando suas formas de expressão social como pecaminosas e degeneradas, surge o questionamento: Como pessoas pretas, em meio a uma sociedade que delimita os padrões de comportamento e de ideias, haveriam de se reconhecer nesse contexto cultural? Como se emancipar diante de uma cultura de exclusão e opressão, em que a venda voltada para a pessoa negra era justamente de não aceitação de sua raça, defendendo a branquitude com base em ideias ainda coloniais de costumes?

São questionamentos que nos levam a entender que, de acordo com nossa reflexão, a emancipação de diversos públicos foi fundamental para a criação de novos conceitos éticos, que tentam contemplar, por fim, a sociedade como um todo.

O primeiro fator que podemos identificar como questão atual da ética é a democratização desse valor nas demais esferas sociais, pressupondo um repertório plural de determinações morais.

6.2
Questões atuais de propaganda

Seguindo o tema das novas demandas éticas, vamos tratar das novas demandas sociais. Na história da humanidade, por muito tempo, grupos hegemônicos determinavam os comportamentos sociais, bem como o que deveria ser consumido e apreciado. Essa realidade, obviamente, ainda existe, mas esse poder ao menos foi pulverizado para milhões de pessoas, que indicam estilos de vida, alimentos, produtos de beleza, móveis e demais bens de consumo à humanidade. O processo de digitalização da sociedade, com o avanço da internet, criou esse fenômeno, que ganhou muita ênfase no campo da comunicação (tanto no jornalismo quanto na publicidade).

Quando olhamos para a história da comunicação social, entramos em um terreno nebuloso, haja vista a idealização que cerca a área, tendo em consideração sua importância simbólica direta e indireta na sociedade. Ao percebermos o poder da comunicação no cotidiano e sua produção, percebemos também a influência e a posição que a comunicação social sempre exerceu na prática (sobre esse tema, reiteramos a recomendação cultural do filme *O quarto poder*, de Costa-Gravas, feita no Capítulo 4).

Da mesma maneira, a publicidade teve, e ainda tem, o poder de determinar o que a sociedade deve gostar; as abordagens de consumo e de publicidade eram estabelecidas a partir de um profundo materialismo, movido pela extravagância de peças que remetiam a uma cultura ocidentalizada e que não conversava diretamente com outras culturas.

6.2.1
O fim do sexismo na publicidade

A problemática da publicidade tem origem em discussões éticas, principalmente referentes a comportamento excludentes e preconceituosos, direcionados a segmentos da sociedade menos privilegiados ou minoritários. Os padrões de respeito e inclusão baseavam-se em preceitos de uma classe conservadora e cristã, que não dava espaço para mulheres, pretos, integrantes da comunidade LGBQTQIA+ e demais classes sociais que, ainda que fossem maioria (como o caso das mulheres), estavam sob o jugo de um padrão em que o homem de classe social elevada representava uma figura de ser humano que estava acima dos demais.

Um exemplo é o da publicidade elaborada nos anos 1950, e mesmo em anos anteriores. Eram notórios os casos em que a mulher era retratada como inferior ao homem, submissa, sem a menor autonomia, como podemos verificar na Figura 6.3.

Figura 6.3 Sexismo na publicidade

A propaganda apresentada demonstra que, apesar dos avanços que tivemos, em termos históricos, há pouco tempo existia a naturalização de uma linguagem profundamente machista, sexista e patriarcal. Tal entendimento nos permite elaborar o seguinte questionamento.

Exercício resolvido

Vamos imaginar um cenário publicitário muito próximo ao descrito anteriormente. Tradicionalmente, as marcas de cerveja tendem a associar sua imagem a elementos que trabalham com aspectos psicológicos de seu público-alvo, fixando-se no imaginário popular a partir da repetição constante dos padrões propostos.

Que resposta publicitária, considerando os estudos a respeito das correntes filosóficas que ditaram as ideias da modernidade, pode ser dada a essa psotura com base nas novas demandas sociais?

a) A publicidade deve manter sua questão deontológica ao propor suas pautas, que devem ser aceitas pela sociedade, e não o contrário. As tradições comunicacionais devem ser mantidas, e o novo padrão de comunicação, abandonado.

b) A publicidade, tal qual a comunicação social como um todo, precisa posicionar-se como o quarto poder, independentemente das demandas sociais da sociedade contemporânea. O respeito pelo exercício profissional deve ser mantido.

c) É a sociedade que deve conduzir as pautas a serem discutidas pela sociedade. Manter uma tradição apenas por si mesma não condiz com a demanda moderna de uma comunicação que converse diretamente com a vida e a realidade das pessoas.

d) A publicidade precisa intervir no processo de construção de identidade cultural das pessoas e ignorar conceitos exóticos, defendidos pelo chamado *politicamente correto*.

Gabarito: c

A publicidade deve estar em sintonia com as novas determinações sociais; do contrário, não podemos considerá-la inserida na comunicação social atual. Nesse contexto, o comunicólogo é fundamental para criar um vínculo com a sociedade, incentivando-a a perceber a real importância das peças publicitárias veiculadas, bem como a transição de pensamento pela qual as agências de publicidade vêm passando em relação às novas identidades e formações socioculturais.

Novas propagandas, seguindo o exemplo das empresas que comercializam bebidas alcoólicas, têm demonstrado maior compromisso com as ideias de respeito para com todas as classes e todos os gêneros. No cenário atual, em que novas classes são protagonistas em vários aspectos, reafirma-se um novo processo de emancipação e de atualização das demandas sociais. A nova publicidade fundamenta-se em uma ideia de hibridismo, considerando os conceitos de modernidade líquida expostos por Zygmunt Bauman, tratados no Capítulo 2 desta obra. As ideias expostas pelo pensador polonês dão o tom da nova criação publicitária, fundamentada em três pilares: ética, consumo e publicidade.

O que é?

Publicidade híbrida: conceito criado por Rogério Luiz Covaleski (2010), diz respeito ao que podemos entender como mutação de diversas plataformas e perfis de linguagem que não se definem apenas por uma linguagem, mas pela interação complementar entre elas.

Nesse torvelinho, os meios de comunicação se transformaram de uma maneira que ultrapassou todos os prognósticos jornalísticos – a internet obrigou que os jornais impressos e as demais mídias se adaptassem aos novos tempos. Novas tecnologias se sobrepuseram umas às outras e foram fundidas em um processo que viria a ser denominado *convergência digital*. Na sequência, a publicidade e a propaganda tiveram de trilhar o mesmo caminho, adaptando-se aos tempos recentes, remodelando abordagens, imagens e demais recursos visuais, modelos de beleza, virtude, empreendedorismo, juventude, sexualidade, etnicidade etc., mudando o cenário da comunicação em sua integridade. Nessa dinâmica, as transformações, as informações, os conceitos, as exigências e a compreensão de todos esses elementos estão muito mais fluidas.

6.3
Questões atuais de consumo

Sem dúvida, o *e-commerce* se tornou o padrão de consumo atual e continuará sendo nas próximas décadas. Segundo a revista *Money Times*, a venda *on-line* e a digitalização das lojas físicas já representam 72,6% de crescimento do mercado de produtos e serviços (Kahil, 2020), tendo em vista o contexto da pandemia de covid-19, que passou a integrar o cotidiano para todas as pessoas. A alteração na vida das pessoas (como podemos ver na Figura 6.4) demonstra que a vida social em todos os seus sentidos dificilmente voltará a ser o que entendíamos como "normal".

Figura 6.4 Novos padrões de comportamento humano

Tendo em vista tal crescimento das lojas virtuais e da internet como a grande realidade das gerações marcadas pela digitalização e entendendo os contextos de publicidade e propaganda, podemos refletir sobre o caso exposto a seguir.

Exercício resolvido

Uma nova realidade se instaurou com a pandemia de covid-19, mudando totalmente a vida das pessoas em suas dinâmicas sociais. Não podemos ignorar as novas definições de publicidade e propaganda ou de consumo. Diante disso, como podemos descrever a interação atual entre consumidor e comércio?

a) A pandemia reforçou um processo já crescente de conversão digital e de atualização dos sistemas de vendas, tanto na forma como os produtos são divulgados quanto na ideia de operação de compra e venda.

Essa nova interação surgiu em respeito à atenção básica de saúde.

b) A pandemia deve ser entendida como um processo que deve ser superado a médio e curto prazos; as alterações consequentes do evento devem ser entendidas como uma exceção, pois, em breve, a normalidade das interações comerciais físicas voltará a ser o padrão dos consumidores.

c) A pandemia deve ocasionar um efeito rebote: tão logo cesse, o trauma psicológico será superado e as tradições sociais serão resgatadas, com um maior nível de pessoalidade nas trocas humanas.

d) A digitalização deve ser entendida como parte de um processo de constante transformação; aliás, o *e-commerce*, como modo de interação comercial e social, logo será superado.

Gabarito: a

O *e-commerce*, considerando o contexto da pandemia, deve ser entendido como elemento da "nova normalidade", um novo padrão de consumo e de publicidade dos produtos nos anos que virão. Além disso, ainda que a modernidade líquida esteja sempre forçando as mudanças a ocorrerem a uma velocidade cada vez mais elevada, não existe perspectiva de que algo venha a substituir a internet nos próximos anos, uma vez que ela se comporta como plataforma que abrange as novidades e as ideias. Assim, surgem, na mesma medida, novos desafios que incentivarão a humanidade a conceber novos raciocínios, novas formas de pensamento.

Em específico, o desafio da publicidade e do consumo consiste não apenas em incorporar modelos antigos a uma nova plataforma, mas, com base em experimentos práticos, criar uma linguagem própria. Um exemplo da problemática dessa dinâmica é o trabalho jornalístico, que tem de lidar com todas as informações de um evento como da covid-19, cujas repercussões mudam a cada instante, desafiando profissionais da área e analistas. O jornalismo há muito não era tão desafiado a compreender eventos estando no olho do furacão.

6.4
Mudança no panorama da ética nos dias atuais

Os estudos realizados ao longo deste capítulo abordam a ideia de autonomia. Esta, no entanto, na mesma medida em que democratiza o acesso à informação, também cria ambiente propício para diferentes manifestações de hostilidade, marcadamente na comunicação social: a imprevisibilidade criada pela fluidez da realidade (antes benéfica e potencial para o crescimento da classe) passou a ser um motivo de insegurança e dúvida crescente entre os grandes conglomerados de comunicação e a sociedade.

Fique atento

Você sabia que um levantamento feito pelo *G1* revela que ao menos 79 denúncias foram registradas contra médicos e enfermeiros por divulgação de *fake news* de "curas milagrosas" durante a pandemia de covid-19 (Caesar, 2020)?

Em 40 casos, foram abertas sindicâncias para apurar a denúncia; em 6, já há processos éticos em andamento. Para o levantamento, o *G1* entrou em contato com as assessorias de todos os 27 Conselhos Regionais de Medicina e dos 27 Conselhos de Enfermagem, que, por sua vez, enviaram os dados quantitativos de que dispunham, ainda não consolidados. Portanto, trata-se de um fenômeno que ainda está ocorrendo.

Por conta do clima criado e disseminado pelos poderes políticos, estudiosos acreditam que os próximos anos serão de desafios ainda maiores na área ética. Um cenário totalmente imprevisível se tornou padrão não apenas na área da saúde: o contexto pandêmico afeta também as relações de consumo e produção de informações e, por extensão, de poder. Nesse contexto, o profissional de publicidade precisa estar atento aos novos desafios da comunicação, principalmente no que se refere às *fake news*. As instituições jurídicas brasileiras já vêm realizando algumas medidas sobre o tema. Além disso, é necessário que as redes sociais criem recursos cada vez mais elaborados para filtrar conteúdos dessa natureza e eliminar de suas plataformas quaisquer grupos e indivíduos que queiram se beneficiar, seja politicamente, seja financeiramente, dessas inverdades. Quanto mais essas informações adulteradas forem divulgadas e, porventura, monetizadas em razão da revolta, ou da adesão, do público, mais a retroalimentação de divulgação e compartilhamento se fortalece, inculcando em vários segmentos da sociedade uma noção de verdade em virtude da repetição constante dos dados falsos.

Nesse cenário, precisamos entender algumas táticas diversivas daqueles que foram beneficiados por notícias falsas: esses grupos perceberam rapidamente que poderiam ser detectados por órgãos competentes e, como estratégia política e de desvio de caráter, imputam ao jornalismo, este tão criticado (muitas vezes sem o devido respaldo), a autoria das *fake news*, como em uma "cortina de fumaça" para cobrir a realidade sombria da produção de conteúdo digital.

Outro ponto importante a ser considerado acerca do futuro da área do jornalismo nos próximos anos é apresentado no Índice Global de Impunidade, que classificou o Brasil no nono lugar entre as nações que deixam impunes crimes contra comunicólogos (Brasil..., 2019). É nebuloso e incerto o mundo do jornalismo atual, haja vista que o conceito de credibilidade foi colocado à prova por uma sociedade desconfiada e que, muitas vezes, endossa discursos agressivos por conta de um sem-número de demandas frustradas.

6.5
Reflexões sobre ética e consumo

Um dos impasses entre as novas demandas sociais e a preservação da ética diz respeito aos padrões de emancipação do público em relação à disseminação da informação e das formas de entender seu papel ativo na resolução de problemas. A autonomia e a "falta de filtro" ainda geradas pelas ações de uma população assustada, frustrada e agressiva acabam fazendo com que a ética seja questionada. Nesse caso, vamos a mais uma reflexão.

■ **Exercício resolvido**

Entendendo que os papéis na comunicação social e na sociedade como um todo passam por modificações ativas, dinâmicas e desafiadoras, o que podemos afirmar sobre as *fake news*?

a) Não existe benesse na notícia falsa. Ainda que sirva a interesses "produtivos", ela é criminosa e traz consequências que podem ser irremediáveis.
b) A notícia falsa pode ser importante a depender do objeto que ela esteja "combatendo".
c) As notícias falsas estão próximas de sua extinção por parte dos órgãos competentes do Governo Federal envolvidos nesses casos.
d) O Código de Ética dos Jornalistas abrange as *fake news* em todos os seus pormenores.

Gabarito: a

O cenário da publicidade, da propaganda e do consumo não é o mais propício na atualidade. No entanto, sabemos quais são os problemas a serem combatidos; sabemos quais instituições, grupos e pessoas que devem ser mobilizados para debater sobre suas possíveis soluções; acima de tudo, sabemos que uma nova ética tem de ser pensada – uma ética que abranja a fluidez do nosso tempo, a variedade quase infinita de demandas dos mais diferentes grupos sociais que ganham força a cada dia, as vicissitudes inerentes aos arranjos sociais, as frustrações das mais diversas ordens da contemporaneidade, a irascibilidade de uma sociedade cansada, acuada, oprimida. Uma ética que abrace a impermanência, mas que defenda o que nos torna humanos: nosso desejo de viver bem e permitir que nossos pares também o façam.

Síntese

- Ética, consumo e publicidade precisam acompanhar a fluidez da produção de informações e dos novos entendimentos da sociedade sobre suas dinâmicas e demandas.
- Os novos desafios do consumo referem-se ao *e-commerce*. Trata-se de um fenômeno cujos padrões terão repercussões que se farão sentir por muitos anos.
- Os novos desafios da publicidade dizem respeito à comunicação social como um todo. O fortalecimento das notícias falsas causa temor em relação a como serão disseminados e estabelecidos os limites entre ética e comunicação.
- Os desafios éticos referem-se ao avanço das novas demandas sociais, que devem ser estudadas com afinco por parte dos pensadores de nossa época.
- A modernidade líquida dita como a ética e o consumo vão ser modificados e atualizados ao longo dos anos. O conceito de publicidade híbrida se estende para entendimentos fundamentais ao avanço da comunicação nos anos por vir.
- Ética e consumo, ainda que soem como conceitos distintos, são conectados em uma perspectiva fundamental de comunicação social que avança nos próximos anos.

Estudo de caso

Texto introdutório

O presente caso aborda uma situação ética aplicada à comunicação social e, mais especificamente, ao jornalismo. A ética na comunicação social precisa estar estritamente alinhada com a responsabilidade social e o modo de expor certas notícias, principalmente se elas implicarem qualquer tipo de dano à honra de qualquer indivíduo. Nesse sentido, vamos analisar um caso que trata de uma situação de natureza deontológica.

Texto do caso

Um homem de 36 anos se envolveu em um acidente doméstico com a ex-esposa. Tendo em vista a gravidade da situação, o evento, que tem o potencial de ser rotulado como crime passional, em razão dos elementos que o compõem, de imediato gerou grande comoção entre os moradores do condomínio em que o caso ocorreu, bem como na redação jornalística responsável pela matéria a respeito do acontecimento.

Considerando a disposição dos aspectos da narrativa e o fato de que o redator trabalha para um jornal com viés marcadamente político e policial, qual deve ser a postura do profissional quando ele recebe a pauta na cobertura dos fatos? Imprimir à matéria um dinamismo que pode promover uma quantidade maior de comoção pública? Qual encaminhamento é incorreto, tendo em vista que ele precisa atender à celeridade inerente ao jornalismo, bem como observar os limites éticos de respeito à pessoa alvo da matéria?

Resolução

O comunicador – independentemente da demanda de celeridade e da obsessão do conglomerado para que se crie um furo de reportagem – precisa posicionar-se de forma imparcial, prezando pela checagem dos fatos.

Uma das grandes carências do jornalismo moderno é a inadequada apuração, sempre primando pela ideia exposta de maneira veloz e, muitas vezes, sem qualidade.

- A solução que o jornalista pode aplicar é a checagem (ainda que ágil) no processo de postagem da matéria, adicionando ao fim de cada atualização:
"Matéria atualizada em XXh no dia XX/XX/XXXX". Essa iniciativa cria uma nova dinâmica de entendimento dos leitores e se utiliza dos recursos que a internet proporcionou com a convergência digital.
- A celeridade não é justificativa para a falta de apuração na hora da publicação da matéria.
- Aos profissionais que trabalham em portais de notícias, rádios, televisões, jornais impressos e outros segmentos da comunicação, é fundamental o amparo de valores éticos sociais e do Código de Ética dos Jornalistas.
- Na dúvida, o profissional deve recorrer sempre a documentos oficiais, como o código citado e as legislações que protegem e asseguram os direitos da categoria.

Dica 1

Um exemplo extremamente emblemático do problema proposto refere-se ao caso da Escola Base, que gerou polêmica na sociedade brasileira em 1994. Trata-se de um *case* obrigatório para qualquer discussão de ordem deontológica no âmbito do jornalismo.

BUONO, V. Caso Escola Base: a mentira que abalou o Brasil em 1994. **Aventuras na História**, 11 jun. 2020. Disponível em: <https://aventurasnahistoria.uol.com.br/noticias/reportagem/historia-o-que-foi-o-caso-escola-base-fake-news.phtml>. Acesso em: 5 abr. 2021.

Dica 2

Assista ao vídeo *Jornalismo e ética*, de Rogério Christofoletti, em que o especialista defende, de maneira sucinta, a importância dos observatórios de ética no controle da constante atualização dos preceitos éticos aplicados nas práticas jornalísticas.

JORNALISMO e ética. 3 abr. 2017. Disponível em: <https://www.youtube.com/watch?v=irMHsg7BG4o>. Acesso em: 5 abr. 2021.

Dica 3

A leitura do Código de Ética dos Jornalistas Brasileiros é fundamental para o estudo de todos os preceitos a serem aplicados no exercício do comunicólogo.

ABI – Associação Brasileira de Imprensa. **Código de Ética dos Jornalistas Brasileiros**. 2013. Disponível em: <http://www.abi.org.br/institucional/legislacao/codigo-de-etica-dos-jornalistas-brasileiros/>. Acesso em: 5 abr. 2021

Considerações finais

Com base nos estudos das correntes filosóficas e sua aplicação em situações práticas do dia a dia, os capítulos desta obra foram subdivididos em temas-chave de teorização, exemplificação e análise.

Apresentamos as principais correntes filosóficas de natureza eminentemente ética. Demonstramos como elas fundamentam nossa maneira de pensar, socializar e consumir, bem como nosso entendimento de ações cotidianas, refletidas em aspectos naturais de nossa realidade.

Também enfatizamos as perspectivas éticas dos anos vindouros, considerando o contexto pandêmico. Novos aspectos de cotidiano, novos métodos tecnológicos e a autonomia que trazem consigo formam uma nova projeção de novos trabalhos e de mudança de perspectiva em relação ao que está por vir.

Ao final, inferimos que a ética, incluindo suas dimensões deontológicas, é indissociável da produção da informação, evento que se modificou radicalmente nos séculos XIX e XX, e do consumo. Além disso, destacamos que a dinâmica fluida da modernidade líquida em que esses elementos estão inseridos traz inúmeros desafios. Tais transformações trouxeram consigo novos grupos de interesse, uma autonomia renovada, mais ampla, mais democrática; deram voz a demandas silenciadas a séculos, a segmentos da sociedade que nunca haviam tido o protagonismo a que tinham direito; mas também resultaram em agressividade, enganos, mentiras, intolerância. É nesse cenário dúbio, por vezes maravilhoso, por vezes bestial, que a ética tem de encontrar forças para se manter.

Referências

APP – Associação dos Profissionais da Propaganda. **Código de Ética dos Profissionais de Propaganda**. 14 maio 2014. Disponível em: <https://appbrasil.org.br/servicos-e-manuais/codigo-de-etica/>. Acesso em: 5 abr. 2021.

AVELAR, D. Jovem não sabe distinguir notícia falsa, mostra estudo nos EUA. **Folha d S. Paulo**, 24 nov. 2016. Disponível em: <https://www1.folha.uol.com.br/mundo/2016/11/1835017-jovem-nao-sabe-distinguir-noticia-falsa-mostra-estudo-nos-eua.shtml>. Acesso em: 5 abr. 2021.

AZEVEDO, R. O IBGE e a religião: cristãos são 86,8% do Brasil; católicos came para 64,6% e evangélicos já são 22,2%. **Veja**, 31 jul. 2020. Disponível em: <https://veja.abril.com.br/blog/reinaldo/o-ibge-e-a-religiao-cristaos-sao-86-8-do-brasil-catolicos-caem-para-64-6-evangelicos-ja-sao-22-2/>. Acesso em: 5 abr. 2021.

BAUMAN, Z. **Modernidade líquida**. Rio de Janeiro: Zahar, 2001.

BEAUVOIR, D. de. **O segundo sexo**. Lisboa: Bertrand Editora, 2008. v. 2.

BENTHAM, J. **A Table of the Springs of Action**. Edinburgh: William Tait, 1843.

BOULTER, C. J. **Stretching Models too Far**. San Francisco: American Association of Educational Research, 1995.

BRASIL. Decreto n. 7.962, de 15 de março de 2013. **Diário Oficial da União**, Poder Executivo, Brasília, DF, 15 mar. 2013. Disponível em: <http://www.planalto.gov.br/ccivil_03/_ato2011-2014/2013/decreto/d7962.htm>. Acesso em: 5 abr. 2021.

BRASIL. Lei n. 8.078, de 11 de setembro de 1990. **Diário Oficial da União**, Poder Legislativo, Brasília, DF, 12 set. 1990. Disponível em: <http://www.planalto.gov.br/ccivil_03/leis/l8078compilado.htm>. Acesso em: 5 abr. 2021.

BRASIL é o 9º país com mais impunidade em crimes contra jornalistas. **Carta Capital**, 29 out. 2019. Disponível em: <https://www.cartacapital.com.br/sociedade/brasil-e-o-9o-pais-com-mais-impunidade-em-crimes-contra-jornalistas/>. Acesso em: 5 abr. 2021.

BRIGATTI, F. Governo acaba com o registro profissional de oito categorias. **Folha de S. Paulo**, 15 nov. 2019. Disponível em: <https://www1.folha.uol.com.br/mercado/2019/11/governo-acaba-com-o-registro-profissional-de-oito-categorias.shtml>. Acesso em: 5 abr. 2021.

BUONO, V. Caso Escola Base: a mentira que abalou o Brasil em 1994. **Aventuras na História**, 11 jun. 2020. Disponível em: <https://aventurasnahistoria.uol.com.br/noticias/reportagem/historia-o-que-foi-o-caso-escola-base-fake-news.phtml>. Acesso em: 5 abr. 2021.

CAESAR, G. Médicos e enfermeiros são alvos de ao menos 79 denúncias por fake news e "curas milagrosas" da covid-19. **G1**, 28 jun. 2020. Disponível em: <https://g1.globo.com/bemestar/coronavirus/noticia/2020/06/28/medicos-e-enfermeiros-sao-alvos-de-ao-menos-79-denuncias-por-fake-news-e-curas-milagrosas-da-covid-19.ghtml>. Acesso em: 5 abr. 2021.

CAMPBELL, J. **O herói de mil faces**. São Paulo: Pensamento, 1989.

CFM – Conselho Federal de Medicina. **Código de Ética Médica**: Resolução CFM n. 2.217, de 27 de setembro de 2018, modificada pelas Resoluções CFM n. 2.222/2018 e 2.226/2019. Brasília: CFM, 2019. Disponível em: <https://portal.cfm.org.br/images/PDF/cem2019.pdf>. Acesso em: 5 abr. 2021.

CFP – Conselho Federal de Psicologia. **Código de Ética Profissional do Psicólogo**. 27 ago. 2005. Disponível em: <http://site.cfp.org.br/wp-content/uploads/2012/07/codigo-de-etica-psicologia.pdf>. Acesso em: 5 abr. 2021.

COFEN – Conselho Federal de Enfermagem. **Código de Ética dos Profissionais de Enfermagem**. 8 fev. 2007. Disponível em: <http://www.cofen.gov.br/wp-content/uploads/2012/03/resolucao_311_anexo.pdf>. Acesso em: 5 abr. 2021.

CONTRERAS, J. **A autonomia de professores**. São Paulo: Cortez, 2002.

COVALESKI, R. **O processo de hibridização da publicidade**: entreter e persuadir para interagir e compartilhar. 176 f. Tese (Doutorado em Comunicação e Semiótica) – Pontifícia Universidade Católica de São Paulo, São Paulo, 2010. Disponível em: <http://www.sapientia.pucsp.br//tde_busca/arquivo.php?codArquivo=11369>. Acesso em: 5 abr. 2021.

DEFINIÇÃO de ética, moral, deontologia e bioética. 2020. Disponível em: <https://siteantigo.portaleducacao.com.br/conteudo/artigos/enfermagem/definicao-de-etica-moral-deontologia-e-bioetica/33305#>. Acesso em: 5 abr. 2021.

DOMINGOS, C. S.M. Rocky IV: história, cinema e esporte na Guerra Fria. **Revista de Artes e Humanidade**, 2012. Disponível em: <https://www.revistacontemporaneos.com.br/n11/dossie/dossie/5rockiv.pdf>. Acesso em: 5 fev. 2021.

DURAND, G. **Introdução geral à bioética**. São Paulo: Loyola, 2003.

FENAJ – Federação Nacional de Jornalistas. **Código de Ética dos Jornalistas**. 4 ago. 2007. Disponível em: <https://fenaj.org.br/wp-content/uploads/2014/06/04-codigo_de_etica_dos_jornalistas_brasileiros.pdf>. Acesso em: 5 abr. 2021.

FRANKL, V. **Teoria e terapia das neuroses**. Tradução de Cláudia Abeling. São Paulo: Realizações, 2016.

IAH – Instituto Antônio Houaiss. **Houaiss corporativo**: grande dicionário. Extensão para Google Chrome. Disponível em: <https://houaiss.uol.com.br/corporativo/index.php>. Acesso em: 5 abr. 2021.

IBGE – Instituto Brasileiro de Geografia e Estatística. **Cor ou raça**. Disponível em: <https://educa.ibge.gov.br/jovens/conheca-o-brasil/populacao/18319-cor-ou-raca.html#:~:text=De%20acordo%20com%20dados%20da,1%25%20como%20amarelos%20ou%20ind%C3%ADgenas.>. Acesso em: 5 abr. 2021a.

IBGE – Instituto Brasileiro de Geografia e Estatística. Sistema Brasileiro de Recuperação Automática. **População residente por cor ou raça e religião**. Disponível em: <http://web.archive.org/web/20170417155839/https://sidra.ibge.gov.br/Tabela/2094>. Acesso em: 5 abr. 2021b.

IPEA – Instituto de Pesquisa Econômica Aplicada. **Atlas da violência**. 2018. Disponível em: <https://www.ipea.gov.br/portal/images/stories/PDFs/relatorio_institucional/180604_atlas_da_violencia_2018.pdf>. Acesso em: 5 abr. 2021.

JASPERS, K. Filosofía. **Revista de Occidente**. Tradução de Fernando Vela. Madrid: Ediciones de la Universidad de Puerto Rico, 1965.

KAHIL, G. Magazine Luiza: e-commerce dispara 72,6%, mas não segura prejuízo de R$ 8 milhões. **Money Times**, 25 maio 2020. Disponível em:

<https://www.moneytimes.com.br/magazine-luiza-e-commerce-dispara-726-mas-nao-segura-prejuizo-de-r-8-milhoes/>. Acesso em: 5 abr. 2021.

LAPHAM, C. **The Evolution Newspaper of the Future**. São Francisco: Computer Mediate of the Future, 1995.

LÁZARO JR., J. Brasil tem 16,9 mil sindicatos ativos, apenas 14% filiados à CUT. **Livre.Jor**, 30 abr. 2019. Disponível em: <https://livre.jor.br/brasil-tem-169-mil-sindicatos-ativos-apenas-14-filiados-a-cut/>. Acesso em: 5 abr. 2021.

MACHADO, A. E. S. **O papel de Deus na cura segundo Viktor Emil Frankl**. 84 f. Dissertação (Mestrado em Ciências da Religião) – Pontifícia Universidade Católica de São Paulo, 2010. Disponível em: <https://tede2.pucsp.br/bitstream/handle/2139/1/Ana%20Enesia%20Sampaio%20Machado.pdf>. Acesso em: 5 abr. 2021.

MATTAR, J. **Introdução à filosofia**. São Paulo: Pearson, 2010.

MELLO, D. Home office foi adotado por 46% das empresas durante a pandemia. **Agência Brasil**, 28 jul. 2020. Disponível em: <https://agenciabrasil.ebc.com.br/economia/noticia/2020-07/home-office-foi-adotado-por-46-das-empresas-durante-pandemia>. Acesso em: 5 abr. 2021.

MENUSI, A. F.; ASSIS, F. C. M. de; SILVA, E. de O. **Resenha do filme Tempos Modernos (1936)**: as relações de trabalho no passado e atualmente. abr. 2015. Disponível em: <https://jus.com.br/artigos/37872/resenha-do-filme-tempos-modernos-1936-as-relacoes-de-trabalho-no-passado-e-atualmente>. Acesso em: 5 abr. 2021.

MOURA, M. Jessé de Souza: "A 'nova classe média de Dilma'", foi um tiro no pé. **Época**, 11 abr. 2017. Disponível em: <https://epoca.globo.com/politica/noticia/2017/04/jesse-de-souza-nova-classe-media-de-dilma-foi-um-tiro-no-pe.html>. Acesso em: 5 abr. 2021.

OAB – Ordem dos Advogados do Brasil. Código de Ética e Disciplina da OAB, de 1º de março de 1995. **Diário da Justiça**, Brasília, DF, 13 fev. 1995. Disponível em: <https://www.oab.org.br/visualizador/19/codigo-de-etica-e-disciplina>. Acesso em: 5 abr. 2021.

OLIVEIRA, R. M. de S. **O impacto da internet no jornalismo**: características e recomendações para a concepção de jornais interativos. 186 f. Dissertação (Mestrado em Engenharia da Produção e Sistemas) – Universidade Federal de Santa Catarina, Florianópolis, 2001. Disponível em: <https://repositorio.ufsc.br/xmlui/bitstream/

handle/123456789/81831/185544.pdf?sequence=1&isAllowed=y>. Acesso em: 5 abr. 2021.

OLIVIERI, A. C. Pensamento filosófico: uma maneira de pensar o mundo. **UOL**. Disponível em: <https://educacao.uol.com.br/disciplinas/filosofia/pensamento-filosofico-uma-maneira-de-pensar-o-mundo.ht?next=0004H95U48N>. Acesso em: 5 abr. 2021.

ONU – Organização das Nações Unidas. **Declaração Universal dos Direitos Humanos**. 10 dez. 1948. Disponível em: <https://www.unicef.org/brazil/declaracao-universal-dos-direitos-humanos>. Acesso em: 5 abr. 2021.

PASTORE, D. Precisamos ensinar ética a nova geração. **Meio & Mensagem**, 20 dez. 2017. Disponível em: <https://www.meioemensagem.com.br/home/opiniao/2017/12/20/precisamos-ensinar-a-etica-do-mercado-a-nova-geracao.html>. Acesso em: 5 abr. 2021.

PEDRO, A. P. Ética, moral, axiologia e valores: confusões e ambiguidades em torno de um conceito comum. **Kiterion: Revista de Filolosofia**, Belo Horizonte, v. 55, n. 130, dez. 2014. Disponível em: <https://www.scielo.br/scielo.php?script=sci_arttext&pid=S0100-512X2014000200002>. Acesso em: 5 abr. 2021.

PESQUISA aponta que 79% dos brasileiros se informam pelo WhatsApp. 10 dez. 2019. **Correio do Povo**, 10 dez. 2019. Disponível em: <https://www.correiodopovo.com.br/jornalcomtecnologia/pesquisa-aponta-que-79-dos-brasileiros-se-informam-pelo-whatsapp-1.385766>. Acesso em: 5 abr. 2021.

PSICOLOGIA PORTUGUESA. **Ética e deontologia**. Disponível em: <https://www.psicologia.pt/instrumentos/etica.php>. Acesso em: 5 abr. 2021.

QUADROS, C. **Periodistas y diários electrónicos**: las exigencias profissionales en la red. estúdios de los casos el Pais digital, el mundo del siglo XXI, net Estado y o globo on. Espanha: Laguna, 1999.

RENAUD, I. A noção de dever na ética contemporânea. In: J. Brito (Coord.). **Temas fundamentais de ética**. Braga: Universidade Católica Portuguesa, 2001.

RIBEIRO, S. O que é apropriação cultural? **Revista Capitolina**, ano 1, n. 11, 11 fev. 2015. Disponível em: <http://www.revistacapitolina.com.br/o-que-e-apropriacao-cultural/>. Acesso em: 5 abr. 2021.

ROCHA, S. Mãe de menino que morreu ao cair de prédio diz que patroa, que estav a com a criança, é mulher de prefeito: 'Se fosse eu, meu rosto estaria estampado'. **G1**, 4 jun. 2020. Pernambuco. Disponível em: <https://g1.globo.com/pe/pernambuco/noticia/2020/06/04/meu-rosto-estaria-estampado-diz-mae-de-menino-que-morreu-ao-cair-de-predio-ao-identificar-primeira-dama-de-tamandare-como-patroa.ghtml>. Acesso em: 5 abr. 2021.

SAKAMOTO, L. **O que aprendi sendo xingado na internet**. Campinas, SP: Leya, 2016.

SANTOS, A. C. dos. A lei da morte: a pena capital aplicada aos escravos no Brasil Imperial. **Revista Eletrônica do Arquivo Público do Estado de São Paulo**, 2010. Disponível em: <http://www.historica.arquivoestado.sp.gov.br/materias/anteriores/edicao42/materia04/texto04.pdf>. Acesso em: 5 abr. 2021.

SENADO resgata obrigatoriedade do diploma de jornalista. **Congresso em Foco**, 12 nov. 2013. Disponível em: <https://congressoemfoco.uol.com.br/especial/noticias/senado-resgata-obrigatoriedade-de-diploma-de-jornalismo/>. Acesso em: 5 abr. 2021.

SILVEIRA, D. Em sete anos, aumenta em 32% a população que se declara preta no Brasil. **G1**, 22 maio 2019. Disponível em: <https://g1.globo.com/economia/noticia/2019/05/22/em-sete-anos-aumenta-em-32percent-a-populacao-que-se-declara-preta-no-brasil.ghtml>. Acesso em: 5 abr. 2021.

SINGER, P. **Sobre a ética**: ética prática. São Paulo: M. Fontes, 1994.

STF – Supremo Tribunal Federal. **Supremo decide que é inconstitucional a exigência de diploma para o exercício do jornalismo**. 17 jun. 2009. Disponível em: <http://www.stf.jus.br/portal/cms/verNoticiaDetalhe.asp?idConteudo=109717>. Acesso em: 5 abr. 2021.

TUGENDHAT, E. **Lições sobre ética**. Petrópolis: Vozes, 1999.

UFMG – Universidade Federal de Minas Gerais. **Lei de Le Chapelier (1971)**. Disponível em: <http://www.fafich.ufmg.br/hist_discip_grad/LeiChapelier.pdf>. Acesso em: 5 abr. 2021.

WEIL, E. **Morale**. Disponível em: <https://www.universalis.fr/encyclopedie/morale/>. Acesso em: 5 abr. 2021.

Bibliografia comentada

CAMPBELL, J. **O herói de mil faces**. São Paulo: Pensamento, 1989.

A ideia de que a vida imita a arte foi importante, com base no conceito de Campbell, explicar como a ética e os conceitos de moral foram utilizados e perpetuados por uma ideia fixa de dicotomia. Joseph Campbell, em 1949, foi o primeiro a discorrer sobre a mitomania como conceito que poderia estar imerso em uma adaptação literária e, posteriormente, transposta para a tela ou para uma plataforma de execução audiovisual. A ideia de monomito exposta por Campbell seguia uma base formada por arquétipos, inconsciência humana e estruturas de ritos de passagem. O monomito e seu desenvolvimento com base na Jornada do Herói serviu como estrutura narrativa ao longo dos anos e, principalmente, para os grandes estúdios de cinema.

MENUSI, A. F.; ASSIS, F. C. M. de; SILVA, E. de O. **Resenha do filme Tempos Modernos (1936)**: as relações de trabalho no passado e atualmente. abr. 2015. Disponível em: <https://jus.com.br/artigos/37872/resenha-do-filme-tempos-modernos-1936-as-relacoes-de-trabalho-no-passado-e-atualmente>. Acesso em: 5 abr. 2021.

O artigo é fundamental para o entendimento prático de como as relações de trabalho foram estabelecidas ao longo dos anos, em especial, nos anos iniciais da revolução industrial. O filme revela desrespeitos às leis de trabalho que mudariam todo o panorama das relações do homem com seu tempo. A leitura de Chaplin sobre os novos tempos trazia um entendimento cultural de que a nova realidade se estabelecia de forma desafiadora, e toda uma engrenagem de relações humanas e trabalho havia de ser refletida pelos pensadores contemporâneos.

MOURA, M. Jessé de Souza: "A 'nova classe média de Dilma'", foi um tiro no pé. **Época**, 11 abr. 2017. Disponível em: <https://epoca.globo.com/politica/noticia/2017/04/jesse-de-souza-nova-classe-media-de-dilma-foi-um-tiro-no-pe.html>. Acesso em: 5 abr. 2021.

Conceito muito abordado ao longo do livro, as *fake news* têm papel determinante para o tema tratado nesta obra. Os estudos de Jessé de Souza são fundamentais para entender a aplicação das *fake news* (que são globais) no reduto brasileiro. E como isso pode implicar diretamente todo o aspecto social e consumidor ao longo dos anos. A leitura do artigo propicia a compreensão do fortalecimento das *fake news* e das novas dinâmicas do jornalismo digital. Não estamos mais lidando apenas com um novo público que se emancipou diante de suas necessidades, mas que cobra a continuidade de um serviço amplamente afetado por questões sociais fomentadas por todos os piores vícios do jornalismo e da política. Entre os desafios das *fake news* como elementos propulsores de uma nova divisão de entendimento ético, é importante revelar a existência de *sites* que fomentam a população com informações falsas, utilizando arquétipos jornalísticos para respaldar as tais notícias falsas.

ONU – Organização das Nações Unidas. **Declaração Universal dos Direitos Humanos**. 10 dez. 1948. Disponível em: <https://www.unicef.org/brazil/declaracao-universal-dos-direitos-humanos>. Acesso em: 5 abr. 2021.

A Declaração Universal dos Direitos Humanos é um dos pilares que formam a engrenagem produtora dos códigos de ética. A carta foi criada pela Organização das Nações Unidas (ONU) em 10 de dezembro de 1948 e prezava pela manutenção e pelo registro de direitos básicos comuns para toda a humanidade. A Conferência de Yalta promovida na Rússia, em 1945, estabeleceu que a organização tivesse de documentar pontos que estimulassem o debate diante dos conflitos internacionais, diminuindo o risco de futuras guerras e criando um acordo que o debate e a paz seriam os nortes da resolução das necessidades expostas pelas nações.

RIBEIRO, S. O que é apropriação cultural? **Revista Capitolina**, ano 1, n. 11, 11 fev. 2015. Disponível em: <http://www.revistacapitolina.com.br/o-que-e-apropriacao-cultural/>. Acesso em: 5 abr. 2021.

Se as novas demandas fomentadas e inseridas são fundamentais, o artigo de Ribeiro (2018) passa por um entendimento pertinente a respeito de como as classes relegadas serviam como objeto da apropriação cultural de uma classe que se colocou como dominante. A compreensão do mundo ocidentalizado e branco foi um conceito primordial na linha utilizada para analisar a problemática social disposta nas correntes filosóficas mais antigas e que prezavam por um ideal que valorizava religiões ligadas a uma cultura burguesa como a régua moral no que diz respeito ao certo e o errado.

Sobre os autores

Fábio Ronaldo da Silva é doutor em História pela Universidade Federal de Pernambuco (UFPE), mestre em História Universidade Federal de Campinha Grande (UFCG – PB), especialista em Programação Visual e graduado em Comunicação Social pela Universidade Federal da Paraíba (UEPB) e História pela UFCG. Foi professor-substituto do curso de Jornalismo da UEPB, professor do curso de Publicidade e Propaganda do Centro de Educação Superior Reinaldo Ramos (Cesrei) e de Comunicação Social das Faculdades Integradas de Patos (FIP) e Produção em Audiovisual da Faculdade de Ciências Sociais Aplicadas/Centro de Ensino Superior e Desenvolvimento (Facisa/Cesed). É colíder do projeto "Organização e Preservação da Memória da Ciência e Tecnologia em Campina Grande (1952-2002)". Realiza pesquisa nas áreas de comunicação e história.

Kalyenne Antero é jornalista formada pela Universidade Estadual da Paraíba (UEPB). É mestre em Ciências Sociais pela Universidade Federal de Campina Grande (UFCG). Já trabalhou como assessora de imprensa nas áreas de política, educação e cultura. Também atuou como produtora no radiojornalismo, repórter em veículos impressos e no digitais, redatora, editora e *social media*. Ministrou curso de curta duração na área de Comunicação Institucional.

Os papéis utilizados neste livro, certificados por instituições ambientais competentes, são recicláveis, provenientes de fontes renováveis e, portanto, um meio **respons**ável e natural de informação e conhecimento.

FSC
www.fsc.org
MISTO
Papel produzido a partir de fontes responsáveis
FSC® C103535

Impressão: Reproset
Maio/2021